FALANDO DE GESTÃO

VALIOSOS INSIGHTS

TEMAS DA ADMINISTRAÇÃO GERAL, CULTURA ORGANIZACIONAL, DESENVOLVIMENTO PROFISSIONAL, GESTÃO DE PROJETOS, LIDERANÇA, MARKETING, PLANEJAMENTO ESTRATÉGICO, PRODUTIVIDADE E QUALIDADE.

Rodrigo Vargas

FALANDO DE GESTÃO

VALIOSOS INSIGHTS

Rodrigo Vargas

FALANDO DE GESTÃO

VALIOSOS INSIGHTS

Última revisão/atualização em 2024.
Copyright © 2018-2024 - Rodrigo Vargas e seus licenciantes.
Todos os direitos reservados. Reprodução proibida.
Registro de direitos autorais na Biblioteca Nacional.
AVISO LEGAL NO VERSO DA PÁGINA.

AVISO LEGAL

1 - É proibida a reprodução deste livro, parcial ou integral, por qualquer meio, eletrônico ou físico, sem a autorização prévia e expressa do autor, conforme a lei brasileira nº 9.610/98, e demais leis de direitos autorais dos países onde este livro for adquirido. O não cumprimento destas condições pode levar a ações cíveis de reparação de danos, além das penas criminais cabíveis.

2 – Esforços razoáveis foram feitos para que as informações contidas neste livro estejam corretas e atualizadas (na data de sua produção), todavia, não há como garantir que não haja erros, equívocos, imprecisões, falhas ou omissões; inclusive, em decorrência do passar do tempo.

3. - Este livro tem o objetivo de divulgar informações de caráter genérico, de acordo com a experiência e conhecimento do autor, e não deve ser interpretado como consultoria ou determinação específica a você, ou ao seu caso, nem como garantia ou promessa de qualquer resultado.

Nota 1: Caso encontre algum tipo de erro, sua gentileza em informar através do formulário "Comunicar Erro", do portal GestaoIndustrial.com, será muito apreciada.

Nota 2: Devido às condições inerentes à internet, e/ou outras condições gerais, o portal GestaoIndustrial.com pode sofrer perda de dados, falhas eventuais, e interrupções temporárias ou não.

FICHA CATALOGRÁFICA FEITA PELO AUTOR

V297 Vargas, Rodrigo
Falando de Gestão: Valiosos Insights / Rodrigo Vargas - Autopublicado pelo Autor, impresso através do sistema de impressão por demanda, a partir de 2019. Impressão feita pela Amazon.
290 p.; il.; 15,24 x 22,86cm (6" x 9")

ISBN-10: 1730974929
ISBN-13: 978-1730974922

1. Gestão. 2. Administração Industrial. 3. Temas Diversos. I. Título.

CDD: 650
CDU: 658.3

SOBRE O AUTOR

Rodrigo Vargas é Engenheiro Mecânico formado pela Universidade Federal do Paraná. É pós-graduado em Gestão Empresarial pela Fundação Getúlio Vargas, e pós-graduado em Engenharia de Manutenção Mecânica pela Universidade Federal do Paraná. Tem mais de 30 anos de experiência profissional, sendo mais de 20 dedicados a atividades de gestão e liderança, tendo trabalhado em renomadas empresas multinacionais, com vivência profissional internacional na Europa, Ásia e América Latina.

É o criador e editor do portal GestaoIndustrial.com, onde disponibiliza gratuitamente, há mais de 15 anos, informações sobre os tópicos principais da Gestão Industrial, abrangendo as áreas administrativa, financeira, comercial e industrial; além de publicar no blog, dentro do portal, artigos relevantes nas categorias de administração geral, cultura organizacional, desenvolvimento profissional, liderança, marketing, planejamento estratégico, gestão de projetos, produtividade e qualidade. É também o criador e editor do blog internacional de gestão e liderança WithinManagement.com.

Rodrigo obteve certificação Black Belt na metodologia Seis Sigma, certificação Practitioner em Programação Neurolinguística, certificação de Auditor Líder do Sistema de Gestão da Qualidade ISO 9001, e formação complementar em Docência pela Fundação Getúlio Vargas.

SOBRE O AUTOR

Rodrigo Vargas tem vários livros publicados nas áreas de gestão, finanças, e cognição (ao final do livro há uma lista completa dos títulos). Em 2020, Rodrigo Vargas criou o canal Universo da Gestão, no YouTube, com os temas mais relevantes da gestão em videoaulas.

DEDICATÓRIA

À minha eterna namorada,

Angela.

SUMÁRIO

SOBRE O AUTOR 7
DEDICATÓRIA 9
SUMÁRIO 11
PREFÁCIO 15
ADMINISTRAÇÃO GERAL 17
   A Boa Gestão, Naturalmente, Desagrada Alguns! ... 18
   A Melhor Maneira de Avaliar Pessoas no Trabalho! 20
   Como Fazer uma Boa Contratação? 23
   O Conselho de Administração 26
   O Princípio de Peter e Como Evitar as Promoções Fracassadas 32
   Os Passos Corretos para Organizar Reuniões! 35
   Os Pressupostos do Negócio de Sucesso! 39
   Plano de Sucessão: O Que Fazer? E o Que Não Fazer? 43
CULTURA ORGANIZACIONAL 49
   3 Boas Perguntas para Descobrir o Comportamento Ético de um Candidato! 50
   A Importância da Ética nas Organizações 53
   As Gerações ao Longo do Tempo 58
   Como Criar uma Cultura que Apoia as Mudanças? .. 65

SUMÁRIO

Gestão de Mudanças 69

O Que Fazer com Pessoas Tóxicas no Ambiente de Trabalho? 73

Política de Uso de Smartphone nas Organizações ... 78

DESENVOLVIMENTO PROFISSIONAL 91

6 Dicas Práticas Para Aumentar a Eficácia do Treinamento Corporativo 92

15 Perguntas para Fazer na sua Entrevista de Emprego 96

Como Acender a sua Criatividade? 101

Como Argumentar com Eficácia? 104

Como Construir Novos Hábitos? 111

Desestresse: Um Exercício Mental Simples para Ajudar a Terminar Bem o seu Dia 117

Disciplina é Liberdade! 119

O Efeito Dunning-Kruger e a Síndrome do Impostor 124

Sua Postura Diz Mais do Que Você Imagina! 128

GESTÃO DE PROJETOS 133

10 Razões Pelas Quais os Projetos Atrasam! 134

Gestão de Projetos: Comparativo entre PMBOK e PRINCE 2 138

Gestão de Projetos – Uma Abordagem Simplificada, Mas Eficiente! 144

LIDERANÇA 151

Como Construir um Time Vencedor? 152

Como Liderar Reuniões Eficazmente? 157

SUMÁRIO

Corte o Mal pela Raiz!... 162
O Efeito Pigmalião e o Trabalho 167
Os 4 Maiores Erros de um CEO!................................ 172
Você Sabe a Diferença entre Gerente e Líder? Mesmo?... 177

MARKETING 185

A Competência Básica para o Sucesso em Vendas... 186
A Estratégia da "Cauda Longa"................................. 189
Como Espantar um Cliente? 192
O Paradoxo de Jevons.. 197
Por Que Algumas Empresas Que Gastam Milhões em Marketing Não Conseguem, Ainda, Fazer o Básico? 199
Quando Menos é Mais no Marketing! 205
Receita, Lucro, Margem de Lucro, e Markup: Entendendo os Conceitos... 208

PLANEJAMENTO ESTRATÉGICO........................ 211

Como Fazer um Planejamento Estratégico Que Funciona? 212
O Dilema da Inovação 216
Perguntas-chave para Fazer Antes de Encerrar o Planejamento Estratégico 218

PRODUTIVIDADE... 221

5 Hábitos para Aumentar a Produtividade no Trabalho! 222
A Lei de Parkinson e as Horas Extras....................... 230

SUMÁRIO

O EFEITO HAWTHORNE E A PRODUTIVIDADE NAS ORGANIZAÇÕES 235

O QUE REALMENTE IMPULSIONA OS RESULTADOS DA ORGANIZAÇÃO? 239

QUALIDADE **245**

COMPARATIVO HISTÓRICO DOS PROGRAMAS DE QUALIDADE 246

O PRINCÍPIO DOS 3 "GEN" PARA A SOLUÇÃO DE PROBLEMAS 254

OS 7 MANDAMENTOS DA QUALIDADE 257

POR QUE A MAIORIA DOS PROGRAMAS DE QUALIDADE FRACASSAM? 263

PARA TERMINAR **269**

AGRADECIMENTO **271**

OUTRAS PUBLICAÇÕES DE RODRIGO VARGAS **273**

PREFÁCIO

Neste livro, eu reuni e organizei por categorias os vários artigos que foram escritos em 2018 para o meu Blog, dentro do portal GestaoIndustrial.com. São temas da Administração Geral, Cultura Organizacional, Desenvolvimento Profissional, Gestão de Projetos, Liderança, Marketing, Planejamento Estratégico, Produtividade e Qualidade.

Podemos definir *insights* como sendo compreensões, percepções ou entendimentos sobre algo ou, por extensão, mensagens ou informações que provoquem esses entendimentos e que nos levem a soluções e melhores resultados. Espero que os temas apresentados aqui, e seu conteúdo, provoquem *insights* positivos e criem momentos de reflexão e aprendizado que o levem a desenvolver novas competências, além de aperfeiçoar as existentes. Por isso mesmo, decidi dar o subtítulo de "Valiosos Insights" a este livro, pois, sendo mensagens curtas e objetivas, mas com um conteúdo útil e relevante, tem o poder de provocar grandes e valiosas percepções e mudanças de comportamento. George Orwell, escritor inglês, costumava dizer que "*os homens são tão bons quanto seu desenvolvimento técnico lhes permite ser*".

Boa leitura e Sucesso!

ADMINISTRAÇÃO GERAL

A BOA GESTÃO, NATURALMENTE, DESAGRADA ALGUNS!

Isso mesmo! O bom gestor não é aquele que age para agradar, mas sim, aquele que faz o que é certo. Às vezes suas decisões poderão agradar, às vezes não. Quando um gestor estabelece disciplina, requer o cumprimento dos procedimentos, exige profissionalismo, pede competência, demanda comprometimento, cobra resultados, isso tudo, certamente, desagradará alguns. Desagradará os mais negligentes, os mais incompetentes, os mais incapazes, os mais ineficientes, e os menos comprometidos.

Veja esse exemplo que ocorreu comigo. Eu era responsável pela área industrial, e o CEO, a pedido de um colaborador de uma outra área, havia concedido uma hora de flexibilização de horário de entrada, informando os outros

ADMINISTRAÇÃO GERAL

gerentes que seria decisão de cada um implementar ou não o horário flexível em suas respectivas áreas. Claro que muitos de minha área gostaram da ideia do horário flexível. Mas eu tive que fazer uma análise crítica imparcial, examinando a questão de que na Produção, seria necessário, obviamente, manter um horário único, pois a Produção trabalha em time. Se a produção está trabalhando, é preciso ter o suporte da Qualidade, da Manutenção, e de Processos. Quanto à área de Compras, que também estava sob minha responsabilidade, talvez até pudesse trabalhar com um horário flexível, porém, eu julguei desproposital, e não, não vi motivo para alterar o horário, pois, numa Organização de Manufatura é produtivo ter todos convivendo no mesmo horário, facilitando a tratativa de problemas e a busca de soluções. Minha decisão, então, foi de não permitir o horário flexível, e, é claro, a minha decisão desagradou alguns! Eu, no entanto, entendi que a decisão, naquele momento e naquela situação, foi a mais correta.

Portanto, o bom gestor não deve se pautar pelo que vai agradar ou não os outros, já que, muito provavelmente, qualquer decisão que seja tomada irá agradar alguns e desagradar outros. Como eu já disse, o gestor deve se nortear pelo que é certo, suas decisões devem ser baseadas nos princípios morais (caráter, respeito, honestidade), no que é justo, e no que gera o maior benefício, acima da questão pura e simples do que pode ou não agradar os outros. Afinal, como dizia um colega meu, de descendência oriental: ***o que é certo, é certo!***

ADMINISTRAÇÃO GERAL

A MELHOR MANEIRA DE AVALIAR PESSOAS NO TRABALHO!

Tendo trabalhado em diferentes Organizações, e tendo visitado outras tantas, eu já vi quase que todo o tipo de método de avaliação de pessoas no trabalho. Desde planilhas, até softwares sofisticados, as Organizações tentam estabelecer uma correlação entre o comportamento e resultado do colaborador, com um determinado parâmetro, uma nota.

Dar Notas a um Colaborador é Tolice!

Tentar associar o desempenho de um colaborador a uma nota é tão ineficaz quanto tapar o sol com a peneira, não surte efeito. Dar notas a um colaborador por critérios de avaliação como: comunicação, atitude, comprometimento, ou responsabilidade é, sem dúvida, ineficaz. Pior, na

ADMINISTRAÇÃO GERAL

verdade gera um efeito negativo. Eu não conheço alguém que goste de receber menos que a nota máxima. Isso significa dizer que atribuir notas a comportamentos é apenas uma maneira de aborrecer e deprimir um colaborador. Infelizmente, ainda, muitas áreas de Recursos Humanos, desde pequenas, até grandes empresas, forçam os gestores a utilizar esse método nada razoável. Em alguns casos, é preciso ter um dossiê prévio para poder demitir e fazer uma justa substituição na equipe.

O Que Fazer?

Pela minha experiência, as pessoas costumam ficar amedrontadas no dia da avaliação, porque ninguém gosta de ter o seu comportamento avaliado por pontos. Por isso, o sistema que eu passei a utilizar (que eu chamo de sistema **MANTENHA/MELHORE**) é absolutamente simples, justo, e objetivo, e não corre o risco de ofender quem quer que seja, ainda que involuntariamente. Escolha duas ou três competências que a pessoa desempenha bem, aquilo que ela faz realmente bem, e diga a ela evidenciando e exemplificando, pedindo, com isso, que ela mantenha esse bom desempenho.

Em relação às competências que a pessoa deve desenvolver, quer sejam comunicação, relacionamento, senso de urgência, etc., pegue um ou dois mais críticos e evidencie e exemplifique através de situações do trabalho, explicando a importância de mudar e melhorar. Seja claro, obtenha a concordância da pessoa, e peça um plano de

ADMINISTRAÇÃO GERAL

ação, mostrando como ela pretende desenvolver-se e melhorar.

Isso tudo é muito mais objetivo e eficaz do que pontuar pessoas. Primeiro, porque não se cria situações de estresse e constrangimento, e segundo, porque é muito mais focado em melhoria. Isso cria um bom ambiente para mudança.

Além de avaliar as competências, avalie o atingimento das metas previamente acordadas. Analise o quanto foi atingido, o quanto não. Analise a melhoria nos processos, e a tendência das metas. Essa é uma forma objetiva e correta de avaliação.

A Melhor Maneira de Avaliar Pessoas no Trabalho

Ainda que eu concorde que podem ser úteis os momentos formais de avaliação, semestralmente ou anualmente, existe uma coisa que é imbatível e insubstituível: o olho no olho diário, relação natural e rotineira entre o gestor e o colaborador. Você, como um gestor, trabalhando diariamente com as pessoas, olhando-as cara a cara, observando suas múltiplas reações, será capaz de dizer quem realmente trabalha bem, quem realmente está comprometido, quem realmente dá resultado, quem realmente age de acordo com os valores da Organização. Portanto, ainda que os momentos formais de avaliação sejam importantes, nada melhor que o "olho no olho" de todo dia para dizer quem é quem no trabalho.

ADMINISTRAÇÃO GERAL

COMO FAZER UMA BOA CONTRATAÇÃO?

Eu já entrevistei e contratei incontáveis profissionais ao longo de mais de 13 anos trabalhando em gestão, e acredito que acertei em mais de 95% dos casos. Ainda que eu concorde (e até recomende) que algumas perguntas-chave, adequadamente feitas, facilitam o processo de análise, tenho que reconhecer que elas não funcionam como mágica. Mais do que respostas, a maneira que o candidato se expressa, a maneira com que faz contato visual, o tom de voz que usa em cada situação, a maneira que ele se acomoda na cadeira, os gestos que faz, são informações importantes a se interpretar, pois é preciso conhecer mais do que apenas o profissional, é preciso também conhecer a pessoa. Eu sempre digo que, para ser um bom profissional, antes de tudo, tem que ser uma boa pessoa, de bom caráter.

ADMINISTRAÇÃO GERAL

"Você tem paixão por esse trabalho, ou quer o emprego para pagar suas contas?"

Esqueça isso! O candidato é competente, ou não? Eu me lembro de dois trabalhadores de linha de produção que eu contratei quando era supervisor de uma fábrica do setor automotivo, muitos anos atrás. Um deles era um bom desenhista, outro um habilidoso escalador. Na época da contratação, eu não sabia disso. O desempenho do primeiro era muito bom, o do segundo, não. Vamos ser honestos, considerando que a maioria de nós, reles mortais, tem que trabalhar para pagar contas, eu penso que não é muito efetivo julgar alguém para um trabalho focado no viés da "paixão pela atividade". No exemplo anterior, é claro que nenhum dos profissionais amava a atividade para a qual foram contratados, mas, ainda assim, um deles teve resultados satisfatórios. Então, mesmo que o trabalho não seja a maior paixão da pessoa, ela pode, sim, desempenhá-lo muito bem, e o oposto é verdadeiro, ainda que apaixonada pela atividade, a pessoa pode não desempenhar a contento. Por certo, entre duas pessoas com a mesma competência, eu contrataria aquela que mais se identifica com a atividade, aquela que tem mais paixão. Outra situação que pode ocorrer é aquela em que o profissional competente se apaixona pela atividade, após iniciar-se nela, durante o trabalho. Portanto, a questão primordial e objetiva deve ser: Tem competência, ou não?

ADMINISTRAÇÃO GERAL

Qual é o gatilho para encontrar a pessoa certa para o trabalho?

Como eu já mencionei, uma boa abordagem na entrevista, perguntas-chave, tudo isso vai ajudar, mas eu acredito que há muito a se ouvir da nossa própria intuição. A neurociência já provou através de pesquisas científicas que a intuição é um processo muito mais racional do que a maioria de nós pensa que é, pois é baseada em complexas funções cerebrais que usam inúmeras informações e experiências já vividas por nós, a fim de nos dar o *insight* (e que, como um processo inteligente que é, pode mudar de tempos em tempos). Portanto, entrevistando um candidato, conversando sobre vida e trabalho, eu penso que se pode disparar o gatilho da intuição. Em geral, nas empresas onde trabalhei, chefias de outras áreas costumavam oferecer propostas de trabalho para pessoas de minha equipe, contratadas por mim. Isso sempre me deixou satisfeito, primeiro, porque ver um colega de trabalho feliz em enfrentar novos desafios é gratificante, e segundo, porque desenvolver pessoas é uma das tarefas de um bom gestor, ainda que isso me obrigasse a buscar novas soluções para minha equipe.

Intuição: ouça o que ela diz atentamente!

Então, da próxima vez que entrevistar um candidato, procure conhecê-lo, saber se é uma boa pessoa, se tem as competências para realizar o trabalho, e não se esqueça de ouvir o que diz a sua "intuição", e você, muito provavelmente, será bem-sucedido na sua contratação!

ADMINISTRAÇÃO GERAL

O CONSELHO DE ADMINISTRAÇÃO

O Conselho de Administração (*Board of Directors* – em inglês) é um órgão colegiado cuja função é, basicamente, definir orientação geral dos negócios da Organização, e fiscalizar a gestão dos diretores, garantindo, inclusive, o cumprimento das práticas de governança corporativa. Os membros do conselho de administração devem ter, além de competência e experiência, isenção, e ausência de qualquer conflitos de interesse. Segundo a lei nº6.404/1976, no seu artigo 42, o conselho de administração tem as seguintes atribuições:

1. Fixar a orientação geral dos negócios da companhia;
2. Eleger e destituir os diretores da companhia e fixar-lhes as atribuições, observado o que a respeito dispuser o estatuto;

ADMINISTRAÇÃO GERAL

3. Fiscalizar a gestão dos diretores, examinar, a qualquer tempo, os livros e papéis da companhia, solicitar informações sobre contratos celebrados ou em via de celebração, e quaisquer outros atos;
4. Convocar a assembleia-geral quando julgar conveniente, ou no caso do artigo 132;
5. Manifestar-se sobre o relatório da administração e as contas da diretoria;
6. Manifestar-se previamente sobre atos ou contratos, quando o estatuto assim o exigir;
7. Deliberar, quando autorizado pelo estatuto, sobre a emissão de ações ou de bônus de subscrição;
8. Autorizar, se o estatuto não dispuser em contrário, a alienação de bens do ativo não circulante, a constituição de ônus reais e a prestação de garantias a obrigações de terceiros;
9. Escolher e destituir os auditores independentes, se houver.

Em Quais Situações É Obrigatório o Conselho?

O conselho de administração, segundo a lci n°6.404/1976, é obrigatório no caso das companhias abertas, nas de capital autorizado, e nas de economia mista, sendo, portanto, facultativo nos demais casos. No entanto, a partir de certo porte, todas as Organizações podem tirar proveito em manter um conselho de administração.

ADMINISTRAÇÃO GERAL

Escolha dos Membros do Conselho

No caso das empresas que têm obrigatoriedade, pela lei, em manter um conselho de administração, este será composto por, no mínimo, 3 (três) membros, eleitos pela assembleia-geral e por ela destituíveis a qualquer tempo, devendo o estatuto estabelecer:

1. O número de conselheiros, ou o máximo e mínimo permitidos, e o processo de escolha e substituição do presidente do conselho pela assembleia ou pelo próprio conselho;
2. O modo de substituição dos conselheiros;
3. O prazo de gestão, que não poderá ser superior a 3 (três) anos, permitida a reeleição;
4. As normas sobre convocação, instalação e funcionamento do conselho, que deliberará por maioria de votos, podendo o estatuto estabelecer quórum qualificado para certas deliberações, desde que especifique as matérias. O estatuto poderá prever a participação no conselho de representantes dos empregados, escolhidos pelo voto destes, em eleição direta, organizada pela empresa, em conjunto com as entidades sindicais que os representem.

No caso das empresas que não têm obrigatoriedade em instituir o conselho de administração, a escolha dos membros, por parte dos donos do negócio, é livre, inclusive quanto ao número, ou mesmo em relação ao tempo de ocupação do cargo. A função do conselho, porém, deve ser

ADMINISTRAÇÃO GERAL

preservada em sua essência, ou seja, definir orientação geral dos negócios da Organização, e fiscalizar a gestão dos diretores.

Estrutura Organizacional

O conselho de administração, nas empresas que tem obrigatoriedade legal em tê-lo, é eleito pelos acionistas. Nas demais, poderá ser uma indicação direta dos donos do negócio. O conselho de administração, autoridade maior na gestão, é quem deverá apontar o CEO (ou Presidente) da Organização.

O conselho de administração poderá criar o conselho consultivo, cuja finalidade é fornecer pareceres e recomendações sobre determinados assuntos, ficando as decisões sempre a cargo do conselho de administração. Poderá, ainda, ser criado o conselho fiscal, cuja finalidade é a de fiscalizar os atos dos administradores e verificar o cumprimento dos seus deveres legais e estatutários, e examinar as demonstrações financeiras elaboradas periodicamente pela companhia, entre outras.

ADMINISTRAÇÃO GERAL

ORGANOGRAMA DE UMA ORGANIZAÇÃO COM CONSELHO DE ADMINISTRAÇÃO

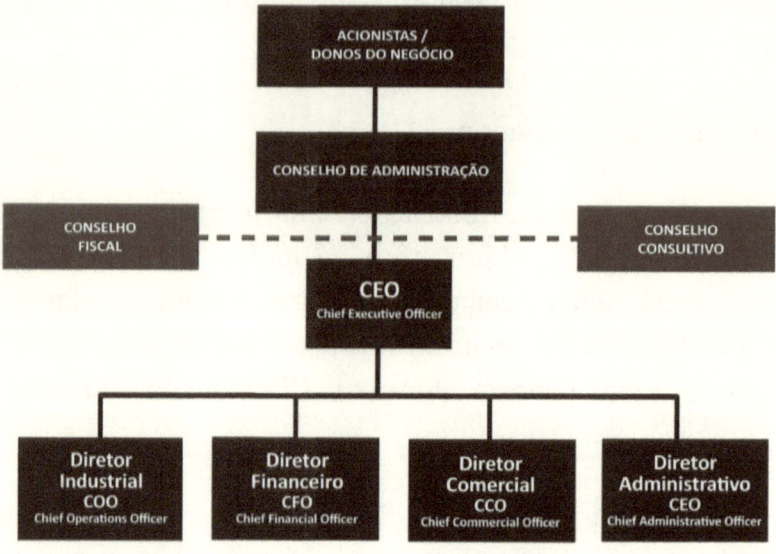

Benefícios de Ter um Conselho de Administração

São vários os benefícios na adoção de um conselho de administração, entre eles podemos destacar:

- Uma gestão mais atenta, compartilhada por profissionais de grande experiência e competência;
- Uma perspectiva analítica fora do dia a dia da Organização;
- Um nível de análise e definição estratégica mais apurado;
- Um reforço importante na fiscalização das boas práticas da governança corporativa;

ADMINISTRAÇÃO GERAL

Estes, obviamente, são os principais, mas muitos outros poderão ser percebidos com o tempo.

ADMINISTRAÇÃO GERAL

O PRINCÍPIO DE PETER E COMO EVITAR AS PROMOÇÕES FRACASSADAS

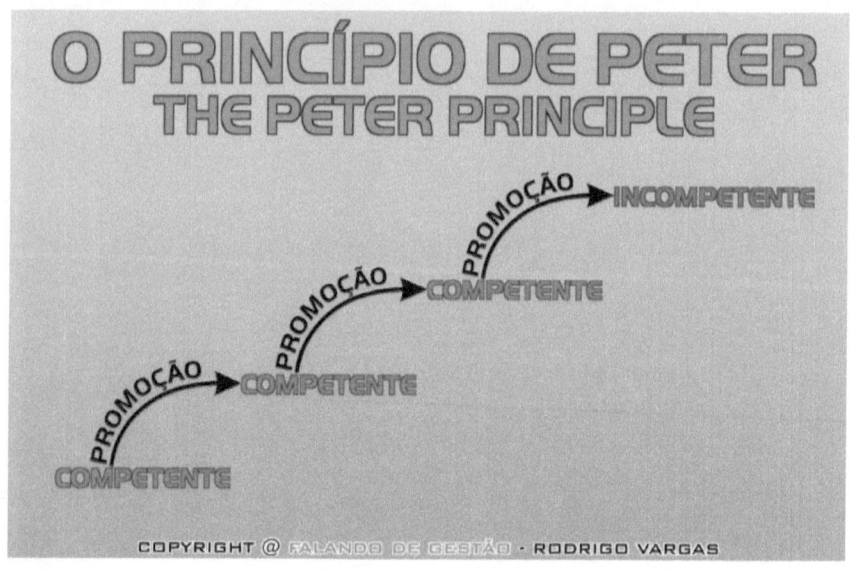

O Princípio de Peter (Peter Principle) é um conceito que diz que, **num sistema hierárquico, todo empregado tende a ser promovido até que atinja o seu nível de incompetência**, e foi criado pelo educador canadense Laurence J. Peter, um dos autores da publicação intitulada *The Peter Principle: Why Things Always Go Wrong* (O Princípio de Peter: Porque É que As Coisas Andam Sempre Mal), publicado em 1969, em coautoria com Raymond Hull.

Segundo esse princípio, nas Organizações em geral, as promoções são baseadas no nível de competência que o colaborador demonstra na posição atual, e não na competência requerida para a nova função. Dessa forma, o empregado vai assumindo novas funções (em posições

ADMINISTRAÇÃO GERAL

hierárquicas superiores), e sendo promovido sempre baseado no desempenho atual (como um prêmio), até que atinja um patamar onde não tenha mais bons resultados, passando a ser incompetente, e ficando estagnado nessa posição.

Alguns Estudos

Um interessante estudo intitulado "As Promoções e o Princípio de Peter" (Promotions and the Peter Principle), conduzido por Alan Benson (Universidade de Minesota), Danielle Li (MIT), e Kelly Shue (Universidade de Yale), publicado em 2018, analisou o desempenho de vendedores de 214 empresas e encontrou consistentes evidências do Princípio de Peter, ao perceber que o desempenho dos vendedores na posição atual foi o fator preponderante na hora da promoção, em detrimento das competências de gestão.

Outro estudo chamado "As Coisas Podem Ficar Pior? Uma Análise Empírica do Princípio de Peter" (Things Can Only get Worse? An Empirical Examination of the Petcr Principle), de Tim Barmby, Barbara Eberth e Ada Ma, da Universidade de Aberdeen (Escócia), publicado em 2006, analisou uma grande empresa do setor financeiro durante dois anos e concluiu que as promoções durante esse período sugerem a observação do Princípio de Peter.

De maneira análoga, vemos isso acontecer no serviço público, onde pessoas assumem os postos nas empresas do governo, ministérios e repartições públicas, não pela sua

ADMINISTRAÇÃO GERAL

competência, mas, simplesmente, por indicação política. Da mesma forma, isso causa prejuízos incalculáveis.

O Que Fazer?

Podemos encontrar o Princípio de Peter ocorrendo por aí, em algumas empresas, e talvez você já tenha testemunhado alguma situação (é o caso do excelente vendedor que passa a ser um gerente incompetente, ou do ótimo especialista que se transforma no péssimo gestor), e, ainda, em determinados setores mais que outros. Mas, para evitar ser vítima do Princípio de Peter, e das nefastas consequências de ter gestores atuando sem as devidas competências de gestão, a Organização deve garantir que o colaborador a ser promovido tenha as competências necessárias para assumir o novo cargo. A promoção **não** deve ser encarada como um presente que se dá a quem desempenha bem suas funções, mas sim, deve ser encarada como uma oportunidade para os colaboradores da Organização que têm as competências básicas requeridas para uma determinada vaga. Portanto, um bom processo de seleção, com competências e requisitos claros pode evitar que a Organização seja vítima do malfadado efeito do Princípio de Peter.

ADMINISTRAÇÃO GERAL

OS PASSOS CORRETOS PARA ORGANIZAR REUNIÕES!

É largamente sabido que reuniões, sejam por excesso, ou por serem mau organizadas, são um dos maiores desperdiçadores de tempo no ambiente corporativo, e várias são as pesquisas que mostram isso. O portal Salary.com (IBM) realizou uma pesquisa, em 2014, que indicou que o maior desperdício de tempo estava associado à navegação na internet, e, em segundo lugar com 24%, apareceu o excesso de reuniões. O GestaoIndustrial.com também pesquisou, em 2015, o desperdício de tempo no trabalho e encontrou "reuniões improdutivas" como sendo o maior vilão do desperdício de tempo com 32%, seguido por excesso de e-mails com 29%. Portanto, toda a atenção e cuidado devem ser tomados quando for organizar uma reunião de trabalho. Veja a seguir seus pontos-chave:

ADMINISTRAÇÃO GERAL

Pontos-Chave para Organizar Reuniões Eficazes

1. **Antes de marcar uma reunião, tenha certeza de esgotar todas as possibilidades mais simples, como ir até a mesa de seus colegas.** Acredite se quiser, eu já participei de incontáveis reuniões com mais de 5 ou 6 pessoas, para discutir uma determinada questão, mas que seria (a questão) resolvida facilmente se o organizador da reunião tivesse ido conversar com 2 ou 3 pessoas em suas mesas. Isso quer dizer que, questões rotineiras devem ser resolvidas no dia a dia, de forma natural, buscando as pessoas certas. Isso simplifica muito a vida no ambiente corporativo. Infelizmente, há pessoas que parecem não conseguir conversar fora de uma sala de reuniões, esse tipo de gente deve ser alvo de orientação e desenvolvimento de suas chefias, pois atrapalham o trabalho.

2. **Tenha certeza de convocar as pessoas certas, e apenas elas.** Quantas vezes já vimos reuniões que tinham tantas pessoas, que mais pareciam uma festa, com pessoas conversando paralelamente, tomando cafezinho, mexendo em celular, etc. Tenha em mente que, convidar muitas pessoas, e incluindo as "erradas", é a fórmula da reunião improdutiva, consumindo o tempo das pessoas, criando conversas fora do assunto tema, tornando difícil expor os pontos que são o motivo da reunião e chegar aos objetivos da reunião.

3. **Deixe bem claro, previamente, o tema e os objetivos da reunião.** Quantas vezes eu recebi convocações de reunião que nem sequer diziam quais eram os objetivos, veja que dizer o assunto, não quer dizer o objetivo. O objetivo está vinculado ao tipo da reunião, que pode ser: informativa,

ADMINISTRAÇÃO GERAL

deliberativa, de planejamento, de avaliação, de brainstorming, ou mesmo de monitoramento. Portanto, fique certo de indicar claramente o assunto e o objetivo. Por exemplo: *Assunto: Novos Produtos – Objetivo: Deliberar sobre as datas de lançamento*

4. **Tenha certeza de prover, previamente, toda a informação necessária para o participante poder contribuir efetivamente durante a reunião.** Isso quer dizer que, se você precisa que uma determinada decisão seja tomada por um determinado grupo de pessoas, dê-lhes, previamente, a informação pertinente para que eles tenham o conhecimento e o tempo necessário para ponderar, e, assim, estejam preparados para tomar as decisões que precisam ser tomadas durante a reunião.

5. **Estabeleça o tempo de duração da reunião, colocando o horário de início e o de término.** Para isso, faça um bom planejamento, simule o tempo para cada assunto, considere o tempo de exposição, e o tempo de discussão e eventual debate. Mas, para isso funcionar, você deve controlar o tempo durante a reunião, dando o passo e o ritmo apropriados para o cumprimento do tempo e o atingimento dos objetivos.

6. **Peça um substituto (com poderes delegados), para aqueles que não possam comparecer.** Especialmente quando uma reunião é deliberativa, e se necessita de decisões, se o profissional que tem a prerrogativa de decisão em sua área não puder participar, deve indicar uma pessoa que o possa, com autoridade delegada para tomar as decisões que forem necessárias (e que devem ser sustentadas por aquele que indicou seu substituto).

ADMINISTRAÇÃO GERAL

7. **Reserve a sala de reuniões.** Lembre-se de respeitar as regras de agendamento de salas de sua Organização, fazendo a reserva da sala de reuniões de acordo com os procedimentos e no tempo devido.
8. **Envie a convocação de reunião.** Faça a convocação da reunião, listando os pontos-chave que foram previamente descritos aqui. Para aqueles que participam de reuniões com alguma frequência, já deve ter percebido que, normalmente, o horário não é respeitado. As pessoas chegam em cima da hora, e alguns, atrasam alguns minutos. Isso, o mais das vezes, é só indisciplina. Por isso, ao final da convocação, solicite a colaboração de todos para chegarem no horário (o ideal é se programar para chegar 5 minutos antes) e, assim, atingirem os objetivos da reunião. Se você quiser, pode usar alguns horários não usuais de início, ao invés de marcar para as 16:00h, marque o início para 16:05. Ao invés de marcar 9:30h, porque não, 9:17h. Preferencialmente, use o sistema padrão de convocação de reuniões, que, provavelmente, seja via algum software específico.

Boa Organização Abre as Portas da Reunião ao Sucesso

Muitas vezes nós vemos nas empresas, não reuniões profissionais, mas eventos que mais parecem a reunião de um grupo de pessoas sem rumo. Portanto, seguir os passos corretos para preparar adequadamente uma reunião, e liderá-la com habilidade, é fundamental para um bom resultado, economizando o tempo de todos, e criando reuniões mais eficazes.

ADMINISTRAÇÃO GERAL

OS PRESSUPOSTOS DO NEGÓCIO DE SUCESSO!

Todo gestor deve ter em mente que um negócio, seja lá ele qual for, é regido por três premissas básicas dos negócios bem sucedidos:

Satisfação das partes interessadas – É preciso que o negócio satisfaça às partes interessadas: colaboradores, clientes, e parceiros (fornecedores, sociedade, etc.).

Lucratividade – O negócio deve ter saúde financeira, ou seja, tem que gerar lucro, pois é dessa forma que ele poderá se manter, se aperfeiçoar, e se reinventar.

Perpetuidade – Um negócio bem-sucedido tem que satisfazer as partes interessadas e obter lucros de forma sustentável, ou seja, ao longo do tempo.

ADMINISTRAÇÃO GERAL

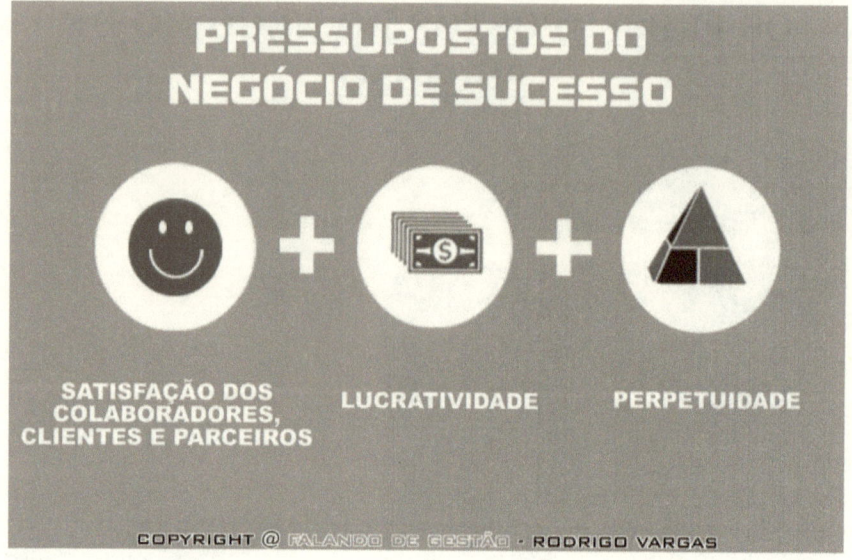

Existem 7 variáveis importante associadas aos 3 pressupostos do negócio de sucesso, e que são necessárias para atendê-los:

Alta qualidade – Os mercados de hoje exigem produtos não apenas bons, mas de alta qualidade, pois produtos que não atendam a esse requisito "convidam" o cliente a experimentar o concorrente.

Bom Ambiente Interno – Para produzir com qualidade é preciso ter a capacidade de reter os melhores profissionais e, para isso, é fundamental ter um bom ambiente interno de trabalho.

Boas Relações com o Ambiente Externo – Ter apenas um bom ambiente interno não é suficiente, o negócio deve manter boas relações também com a comunidade onde se encontra (pois, entre outros motivos, muitos de seus

ADMINISTRAÇÃO GERAL

colaboradores provavelmente vem dessa comunidade), com a sociedade como um todo (respeitando o cliente, respeitando o meio-ambiente, fazendo negócios com ética), e com o governo (respeitando a legislação).

Efetivo Suporte ao Cliente – Muitas vezes, é o suporte ao cliente que determinará se ele continuará cliente ou não, e um suporte *efetivo* ao cliente vai aproveitar justamente o momento da demanda do cliente para resolver o seu problema e fidelizá-lo.

Inovação – Melhorar sempre e buscar a inovação, oferecendo novas soluções ao cliente, é uma variável importante.

Prazos de Entrega Curtos – O cliente pode demorar para se decidir quanto à compra, mas, uma vez decidido, a grande maioria não está disposta a esperar muito para receber o produto/serviço, portanto, trabalhar para oferecer os menores prazos de entrega é fundamental.

Preço Justo – O cliente estará sempre disposto a pagar o preço justo pelo produto, por isso, quando estabelecer o preço, tenha em mente o custo e a expectativa do cliente.

ADMINISTRAÇÃO GERAL

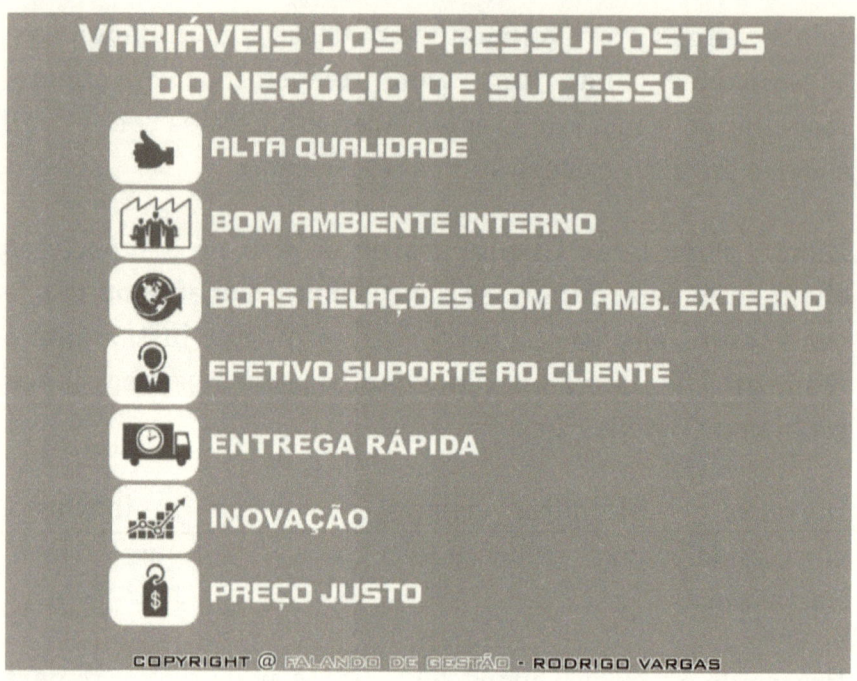

Portanto, tenha em mente os 3 pressupostos do negócio de sucesso, e as 7 variáveis principais, repense e reveja o seu negócio, e a maneira com que ele é administrado, para ter certeza de que ele está no caminho certo!

ADMINISTRAÇÃO GERAL

PLANO DE SUCESSÃO: O QUE FAZER? E O QUE NÃO FAZER?

O Plano de Sucessão é um instrumento estratégico que permite identificar e preparar profissionais de dentro da própria Organização para, possivelmente, ocupar cargos-chave em caso de necessidade. Antes de falar do que fazer, vamos ver o que não fazer em se tratando de Plano de Sucessão.

O Que Não Fazer?

- **Colocar a carroça na frente dos bois:** Se a Organização não tem ainda uma boa equipe de gestores, ou, digamos assim, tem oportunidades importantes de melhoria, com gestores fracos (e que devem ser substituídos), não se deve gastar energia com Plano de Sucessão. Antes de pensar em sucessão, deve-se, obviamente, pensar na

ocupação atual dos cargos, isso é prioridade. Se você não tem um time atual de gente competente, não perca tempo em pensar em sucessão, pois não é, ainda, o momento;
- **Tratar o plano de sucessão como um projeto**: Um projeto é caracterizado por ter início e fim, e um plano de sucessão tem início, mas não tem fim. O plano de sucessão deve ser tratado como uma das facetas da Gestão de Pessoas, responsabilidade da área de Recursos Humanos da Organização, assim como recrutamento e seleção, política de benefícios, plano de cargos e salários, entre outros;
- **Acreditar que uma consultoria poderá encontrar as pessoas certas**: Quem poderá encontrar as pessoas certas, as pessoas que podem ser preparadas para figurar no plano de sucessão, é o grupo da alta direção e o grupo gerencial de primeira linha da Organização, ninguém mais. Uma consultoria, assim como o RH da Organização, pode contribuir para assessorar em vários aspectos, mas a consultoria dificilmente poderá determinar nomes para o plano de sucessão, pelo simples fato que não acompanham os profissionais no dia a dia de trabalho.

O Que Fazer?

- **Atribuir responsabilidades**: É a área de Recursos Humanos (RH) da Organização quem tem a responsabilidade de coordenar o Plano de Sucessão, pois é uma de suas atribuições típicas. Além do RH,

ADMINISTRAÇÃO GERAL

deve ser definido o **grupo de apoio, que são gestores que ocupam os cargos da alta direção;**
- **Definir os cargos-chave:** Quando tratamos de um Plano de Sucessão formal, devemos indicar claramente quais serão os cargos-chave, ou seja, aqueles cargos para os quais queremos ter possíveis sucessores. É claro, recomendo começar de modo bem focado nos cargos mais estratégicos, ou de difícil substituição. Esse trabalho de identificação deve envolver, necessariamente, o CEO e o RH, mas também, o grupo de apoio;
- **Identificar os possíveis sucessores:** Devem ser identificados os profissionais de dentro da Organização que têm o potencial de assumir os cargos-chave. E, mais uma vez, a equipe que deve se reunir inclui, além do CEO e do RH, o grupo de apoio, além dos atuais ocupantes do cargos-chave. Aqui, é importante esclarecer o seguinte: haverá divergência, o que, de certo modo pode ser positivo, pois a divergência leva à reflexão. Quem deve mediar essa discussão é o RH, e, quando o consenso não seja atingido, o CEO deve julgar e decidir. Mas um ponto deve ficar claro, quem tem a melhor visão é o atual ocupante do cargo, portanto, deve-se dar especial atenção à sua opinião.
- **Convidar os candidatos:** Cada um dos profissionais identificados devem ser oficialmente convidados para integrarem o Plano de Sucessão, para que, uma vez que aceitem o desafio, possam estar preparados para o desenvolvimento que deve se seguir. É importante que fique claro que o fato de figurar como possível sucessor

ADMINISTRAÇÃO GERAL

não quer dizer que, necessariamente, ele vá ser escolhido como sucessor.

- **Identificar as necessidades de treinamento:** Uma vez identificados os profissionais, devem ser levantadas as necessidades de treinamento de cada um, levando em conta, obviamente, o cargo-chave para o qual ele foi identificado como possível sucessor.
- **Programar e executar o treinamento:** De modo a desenvolver os possíveis sucessores, de acordo com a necessidade de treinamento já apontada, deve se programar, numa base adequada, e executar o treinamento, da maneira mais serena possível, já que, numa escala de prioridades, esta, normalmente, é das menores quando comparada com a operação do dia a dia.
- **Analisar criticamente:** Com uma frequência pertinente, o comitê de sucessão (CEO, RH, grupo de apoio, e os ocupantes atuais dos cargos-chave) devem se reunir para fazer uma análise crítica do Plano de Sucessão e os seus aspectos mais relevantes, como: treinamentos, avaliações, comportamentos, etc., definindo as ações que julgar cabíveis para manter o plano, acima de tudo, prático e útil.

Tenho que reconhecer que não é qualquer Organização que vai se beneficiar de um Plano de Sucessão, pois, como já disse, existem aquelas que sequer estabeleceram uma equipe de gestores positivos e competentes, e que, nesse caso, terão trabalho suficiente para encontrar bons gestores para os cargos atuais. Outras empresas podem não ter o amadurecimento devido para tratar de um Plano

ADMINISTRAÇÃO GERAL

de Sucessão, já que, antes de desenvolver um sucessor, a Organização deve ser capaz de estar desenvolvendo os próprios ocupantes dos cargos, através de um programa de desenvolvimento de competências extenso, regular e que esteja demonstrando obter bons resultados. Ou seja, não vá querer preparar o estrogonofe, se ainda não consegue fazer bem o arroz com feijão.

ADMINISTRAÇÃO GERAL

CULTURA ORGANIZACIONAL

3 BOAS PERGUNTAS PARA DESCOBRIR O COMPORTAMENTO ÉTICO DE UM CANDIDATO!

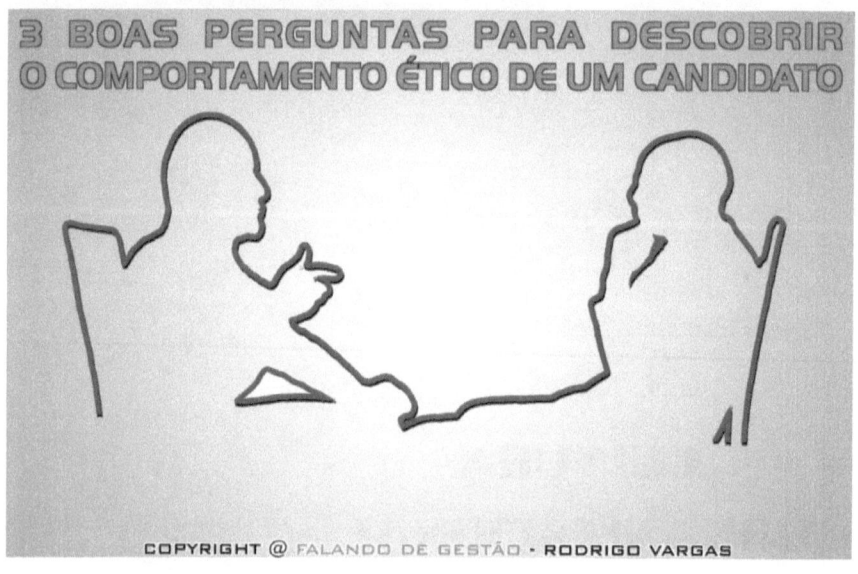

Preocupação Ética

Sabemos que a ética é uma grande preocupação no ambiente de trabalho. Discorri sobre o tema, mostrando algumas pesquisas do IBE-Institute of Business Ethics (Instituto de Ética Empresarial) que, basicamente, mostram que a preocupação ética é cada vez mais importante nas Organizações, e toma maiores proporções ao longo do tempo. Portanto, a preocupação em contratar pessoas alinhadas com princípios morais e com a ética deve ser, sem dúvida alguma, um ponto-chave em qualquer Organização que se preze.

CULTURA ORGANIZACIONAL

Faça Perguntas

Então, algumas perguntas são ótimas para fazer ao candidato que pleiteia um novo cargo na sua Organização, especialmente, se for para a área de gestão.

1-Descreva uma situação em que você foi desafiado eticamente? - Tim Mazur, professor de ética nos negócios da Universidade de Wyoming diz para não confiar num candidato que nunca enfrentou um desafio ético no ambiente de trabalho. Ele dá um exemplo do que um candidato ideal poderia dizer algo como: "Eu fazia parte de uma equipe de propostas comerciais de um projeto, e o pessoal de marketing queria inserir um texto que exagerava o que estávamos fazendo. Eu argumentei, mas fui vencido, aí, deixei aquele projeto." Isso é apenas um exemplo, o importante é que o candidato demonstre uma situação que tenha vivido, mostrando que se posiciona em favor da ética, ainda que tenha que confrontar interesses de hierarquia superior.

2-O que você menos gostava no seu último chefe? - Essa pergunta já me foi feita uma vez, no início de minha carreira. Na verdade, o que se espera é uma resposta, acima de tudo, ética, e sempre num tom positivo. Não é para falar mal de ninguém, se o candidato gostava de seu chefe, ele poderá dizer isso e citar uma ou outra competência que admirava; se ele não gostava do chefe, espera-se, não que ele enumere pontos fracos do chefe, nem que vá mentir e inventar, mas que ele diga, simplesmente, que o seu chefe, assim como todo mundo, tinha

CULTURA ORGANIZACIONAL

competências para serem desenvolvidas, mas que não vem ao caso comentar, e que o candidato prefere focar no fato de que sempre teve habilidade para tratar com os vários perfis comportamentais. Aqui é importante observar a forma com que o candidato vai usar para responder, pois a última coisa que se quer ouvir é um punhado de lamentações. O que se espera é uma forma ética, madura e positiva de se abordar esse delicado tema.

3-Como ser um indivíduo ético difere de ser uma empresa ética? - Segundo Nan DeMars, autora de *"You've Got to be Kidding – How to Keep Your Job Without Losing Your Integrity"*, nesse tipo de pergunta espera uma resposta simples como "nada". Não há, basicamente, diferença, pois valores morais (como respeito, caráter e honestidade) devem ser vividos pelo indivíduo, bem como, pela empresa, como entidade.

É claro que as perguntas não se esgotam nessas três, na verdade, elas servem de exemplo para outras que você mesmo pode criar. O objetivo deve ser o de instigar o candidato a falar de si, e de situações do ambiente de trabalho, onde ele tenha se confrontado com momentos que tenham lhe desafiado eticamente.

CULTURA ORGANIZACIONAL
A IMPORTÂNCIA DA ÉTICA NAS ORGANIZAÇÕES

Albert Camus, filósofo e escritor francês, disse que: "*um homem sem ética é como um animal selvagem solto no mundo*". Nas Organizações, é crescente a preocupação com a postura ética de seus colaboradores, e deve ser mesmo, porque os estragos decorrentes da falta de ética nos negócios podem, simplesmente, destruir a reputação de uma empresa, e, até mesmo, fechar as suas portas.

Casos Emblemáticos

A Enron Corporation foi uma das maiores empresas americanas do ramo de energia, faturando em torno de 100 bilhões de dólares por ano, mas que decretou falência em 2001, logo após o escândalo de fraude contábil e fiscal que praticavam vir à tona. Com isso, levou junto para o buraco

CULTURA ORGANIZACIONAL

a empresa de auditoria Arthur Andersen (também líder em seu segmento), que encerrou suas atividades em 2002, um ano antes de completar 100 anos de sua fundação.

A Petrobras, gigante brasileira do petróleo, desde que se viu envolvida nos escândalos de corrupção relatados pelo Operação Lava a Jato, da Polícia Federal, perdeu valor de mercado e viu-se envolvida em pendengas jurídicas com seus acionistas. Aproximadamente dois anos depois de divulgadas as primeiras ações da Polícia Federal, as ações da Petrobrás (PETR4) valiam cerca de, apenas, 50% de seu valor.

E com o prejuízo gerado aos acionistas pela perda de valor das ações decorrentes da corrupção interna da companhia, a Petrobras fechou acordos com os acionistas americanos, nos Estados Unidos, para pagar cerca de 3 bilhões de dólares, encerrando ações coletivas lá iniciadas. Isso, sem contar, obviamente, todo o prejuízo sofrido pela empresa (e seus acionistas), decorrente do desvio de dinheiro de seu caixa, ao longo de, sabe-se lá ao certo, tantos anos. Se a Petrobras fosse uma empresa privada, muito provavelmente, já teria quebrado.

Esses são apenas alguns casos, mas, existem vários outros, em grandes, médias, ou pequenas empresas, umas mais conhecidas, outras, menos. O que parece ser comum a todas é que os prejuízos decorrentes das trapaças, das posturas antiéticas, ou das fraudes, mais cedo ou mais tarde, cobram seu preço.

CULTURA ORGANIZACIONAL

Liderança Ética É Condição *Sine Qua Non*

Sim, a liderança ética não é uma opção, é condição *sine qua non* (absolutamente necessária), pelo menos para aquelas Organizações que desejam ser competitivas, eficientes, inovadoras. No meu livro Cultura de Melhoria: Levando a Organização à Excelência, eu mostro, em detalhes, a importância da ética e dos princípios morais nas lideranças da Organização. Basicamente, a liderança, como qualquer colaborador, precisa ter ética, mas, sobretudo, porque a liderança é um implementador de Cultura Organizacional, depende-se dela para difundir e manter uma Cultura de Melhoria, e, sem ética, essa liderança não terá, sequer, autoridade moral para liderar. A autoridade moral é aquela autoridade que mais poder tem para inspirar, dirigir, e orientar os colaboradores, função fundamental da gestão.

O Que Dizem as Pesquisas

A consultoria Deloitte realizou uma pesquisa, a *Millennials Survey 2017*, com 7.900 pessoas da geração Y, nascidas a partir de 1980 (a Deloitte considera a partir de 1982), em 29 países, entre eles: Alemanha, Argentina, Austrália, Brasil, Canadá, Chile, China, Colômbia, Coréia do Sul, Estados Unidos, França, Japão, México, Reino Unido, Rússia. Um interessante achado desta pesquisa retrata o crescente reconhecimento que os *millennials* estão dando às questões relativas à ética nas Organizações.

CULTURA ORGANIZACIONAL

A GERAÇÃO "Y" (millennials) E A IMPORTÂNCIA DA ÉTICA

Os "millennials" reconhecem a melhoria no comportamento ético de suas lideranças ao longo dos anos. Esse reconhecimento, podemos concluir, é prova de sua preocupação e envolvimento com o tema.

Existe uma correlação entre a percepção de nível de responsabilidade e nível de influência, em relação a vários aspectos importantes do negócio. Entre aqueles que aparecem com o maior nível de responsabilidade estão: satisfação do cliente, Cultura Organizacional, processos de trabalho, comportamento ético, e reputação da Organização.

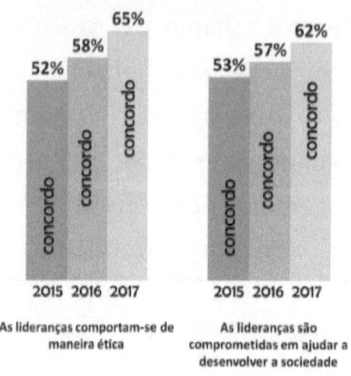

Fonte: Pesquisa da consultoria Deloitte - The 2017 Deloitte Millenials Survey

COPYRIGHT @ FALANDO DE GESTÃO - RODRIGO VARGAS

Outra pesquisa, essa realizada pelo Instituto de Ética nos Negócios do Reino Unido (IBE-*Institute of Business Ethics*), mostrou que os mais jovens (de 16 a 34 anos) tem uma expectativa maior de seu empregador em termos de uma condução responsável dos negócios, do que os mais velhos (+ de 55 anos). A pesquisa, realizada no Reino Unido, Alemanha, Itália, Espanha, e França, mostrou, também, que **os colaboradores que trabalham em Organizações que fornecem um programa com os quatro elementos básicos de ética** (código de conduta, meios sigilosos de reportar condutas antiéticas, aconselhamento sobre conduta ética no trabalho, e treinamentos em padrões de conduta ética) **têm uma vivência de ética mais positiva no ambiente de trabalho.**

CULTURA ORGANIZACIONAL

A ÉTICA NAS ORGANIZAÇÕES

Organizações que fornecem os 4 elementos da ética (código de conduta, meios sigilosos de reportar condutas antiéticas, aconselhamento sobre conduta ética no trabalho, e treinamentos em padrões de conduta ética) tem um engajamento maior dos colaboradores, no campo da ética.

	Respondentes de Organizações que fornecem os 4 elementos da ética.	Respondentes de todas as Organizações.	
Prática de Honestidade (SEMPRE ou FREQUENTEMENTE)	85%	81%	REINO UNIDO
Pressão em comprometer os padrões éticos da Organização (NÃO)	95%	92%	

	Respondentes de Organizações que fornecem os 4 elementos da ética.	Respondentes de Organizações que não fornecem nada.	
Prática de Honestidade (SEMPRE ou FREQUENTEMENTE)	83%	68%	ALEMANHA ESPANHA FRANÇA ITÁLIA

Fonte: Ethics at Work - 2015 Survey of Employees (IBE.org.uk)

COPYRIGHT @ FALANDO DE GESTÃO - RODRIGO VARGAS

Somente o comportamento ético de pessoas comprometidas com a Organização pode levá-la ao sucesso efetivo. A fraude, a corrupção, o comportamento antiético, mais cedo, ou mais tarde, aparecem e destroem a imagem da Organização, quando não a enterram de vez. A ética promove um ambiente de trabalho que respira livremente, além de ser premissa para uma Cultura de Melhoria, que pode levar a Organização à Excelência.

CULTURA ORGANIZACIONAL
AS GERAÇÕES AO LONGO DO TEMPO

"Cada geração se imagina mais inteligente do que aquela que a precedeu, e mais sábia do que aquela que a sucederá."
Citação de George Orwell – escritor britânico, mais conhecido pelo seu livro 1984.

Definindo Períodos

Quando falamos em definir o período das gerações, não há um consenso absoluto. Por exemplo, o dicionário Merriam-Webster define a geração Y de modo um tanto vago, como sendo aquela dos nascidos entre os anos 80 e 90. Já o instituto de pesquisas Gallup define a geração Y como aquela dos nascidos no período entre 1980 e 1996 (referência: *Millennial Banking Customers: Two Myths, One Fact*), enquanto que a consultoria global EY define o

CULTURA ORGANIZACIONAL

período de 1981 a 1996 (referência: *Americas retail report: Redefining loyalty for retail*), que é o mesmo período adotado pela Pew Research Center (referência: *Defining generations: Where Millennials end and post-Millennials begin*). No entanto, outra grande consultoria em pesquisa social e de mercado, a australiana McCrindle, definiu a geração Y como sendo aquela que nasceu entre os anos de 1980 e 1994 (referência: *Generations Defined*), sendo esse período o que adotamos aqui, por representar melhor a geração seguinte (Z), que já nasceu no ambiente dos computadores pessoais.

Quanto às outras datas, procuramos seguir, da mesma forma, o que nos parece mais razoável e representativo, chamando de "Veteranos" os nascidos entre 1900 e 1945, conforme o Gallup, embora eles utilizem a nomenclatura de "Tradicionalistas". Quanto aos *Baby-boomers*, o consenso já é bem maior, pois as consultorias Pew Research Center, McCrindle, Gallup, e EY, indicam o período pós-guerra, de 1946 a 1964, e, inclusive, o departamento americano de estatística (U.S. Census Bureau) também o utiliza.

A Geração X fica definida como consequência natural das definições anteriores. Quanto à geração Z, definimos o início em 1995, como consequência de termos definido o final da geração Y em 1994, e o seu final, adotamos o ano de 2009, o mesmo da consultoria McCrindle, que nos parece mais razoável.

CULTURA ORGANIZACIONAL

Ano Médio

Utilizamos, para cada período de geração definido, um ano médio, que é, simplesmente, a mediana do período, ou seja, o ano que está no seu ponto médio. E para que fizemos isto? Por dois motivos: O primeiro é que a visualização de um ano específico permite uma melhor identificação do período em si, ainda que saibamos que estamos fazendo um grande arredondamento. O segundo é que utilizamos esse ano, acrescido de mais 15 anos, como referência para a análise dos equipamentos e dispositivos de comunicação típica de cada geração, o que é, especialmente útil, no caso das gerações mais recentes, onde os avanços e mudanças são cada vez mais frequentes, sendo, portanto, um recurso didático.

Idade de Cada Geração em 2018

Para facilitar a identificação de cada uma das gerações, calculamos a idade que as pessoas de cada geração deve ter no ano de 2018. O veteranos têm mais de 73 anos, os *baby-boomers* têm entre 54 e 72 anos, a geração X tem de 39 a 53 anos, a geração Y (também chamada de *millennials*) tem de 24 a 38 anos, a geração Z, de 9 a 23 anos, e, finalmente, a geração alfa, como é chamada a geração que está nascendo nos dias de hoje, com 8 anos ou menos.

Comunicação Interpessoal

É bastante interessante analisar a evolução da comunicação interpessoal utilizada, principalmente, no

CULTURA ORGANIZACIONAL

âmbito profissional, que é o objetivo maior nosso, aqui. Lembrando que a nossa referência foi 15 anos após o ano médio, ou seja, focando o jovem que, muito em breve, estaria no mercado de trabalho, já totalmente aculturado à tecnologia de comunicação existente.

Enquanto que as gerações de veteranos e *baby-boomers* utilizaram, basicamente, carta, telefone, e telégrafo, por mais de 60 anos, como o principal meio de comunicação, as gerações seguintes têm experimentado uma gama enorme de novos dispositivos tecnológicos, numa velocidade incrível. A geração X agregou o fax (quando, finalmente, se podia enviar um documento em segundos para um lugar distante), e o pager (que permitia uma comunicação – que era via rádio – ainda que longe de um telefone). A geração Y já dispunha do telefone sem fio, dos computadores pessoais (desktop e laptop) e a possibilidade de utilizar o e-mail (correio eletrônico), sendo possível, então, enviar documentos, planilhas, fotos, e demais arquivos, de maneira rápida, prática, e barata, para qualquer lugar do mundo. Além disso, surgiu, também, o celular, que aposentou o pager, pois possibilitava uma conversa de qualquer lugar, sem depender de um telefone público.

A geração Z não apenas viu a modernização dos computadores, mas, também, o aparecimento dos *smartphones* (os celulares que permitem a navegação pela internet, e o uso de uma infinidade de aplicativos). Cresceu, também, com essa geração, a comunicação (seja pelo computador, seja pelo *smartphone*) através das

CULTURA ORGANIZACIONAL

chamadas redes sociais, como o Facebook, Twitter, Instagram, entre outras.

A geração Alfa verá uma série de outras descobertas e novos dispositivos de comunicação ganharem espaço, alguns ainda nem inventados. Mas, as tendências apontam (como discutido nas conferências da Singularity University, ou do SXSW, por exemplo) o uso cada vez maior da inteligência artificial e dos chamados dispositivos vestíveis (*wearable devices*), que são aqueles que deverão estar no pulso, na roupa, na cabeça, ou nos óculos.

Haverá uma mudança gradativa dos *smartphones* como o conhecemos hoje. No futuro, as tendências apontam que os *smarphones* deverão ser dobráveis e vestíveis, mas é unânime que estarão cada vez mais presentes na vida das pessoas. As tendências apontam, também, o uso do comando de voz ganhando espaço, em detrimento do *touchscreen*. Muita coisa há de vir, e a geração Alfa será usuária presente nesse futuro.

Nível de Conectividade

Enquanto que os veteranos e os baby-boomers conectavam-se muito pouco, pois os meios de comunicação eram caros e pouco eficientes, ao longo do tempo, as gerações passaram a se conectar cada vez mais. O advento da internet foi, sem dúvida, um marco na comunicação, uma das maiores (r)evoluções, pois proporcionou uma gama enorme de opções e possibilidades na comunicação, reduzindo o custo e aumentando a velocidade.

CULTURA ORGANIZACIONAL

No futuro, a "internet das coisas" (*internet of things*) será muito mais presente, levando a conectividade a padrões, até há alguns anos atrás, inimagináveis. Se hoje já temos alguns carros conectados, *smartTVs*, e relógios inteligentes, além do próprio *smartphone*, a conectividade do futuro incorporará uma gama enorme de objetos e equipamentos de uso diário, como a geladeira, fogão, roupas, calçados, etc.

Contingente no Mercado de Trabalho

Para entender os números do mercado de trabalho, utilizamos os dados da PNAD contínua do IBGE (Instituto Brasileiro de Geografia e Estatística), que é uma pesquisa estatística que avalia a inserção da população no mercado de trabalho no Brasil. Utilizamos a tabela PNAD contínua de fevereiro de 2018 para obter os números mais atuais da força de trabalho, e uma tabela de Síntese de Indicadores Sociais de 2016 com dados segmentados por idade do número de trabalhadores, que extrapolamos para os números atuais, com os devidos ajustes nessa segmentação. Com esses dados, chegamos aos seguintes números que representam o contingente de cada geração no mercado atual de trabalho no Brasil: As gerações X e Y dominam o mercado de trabalho, com 34,9 milhões de pessoas na idade da geração X, e 35,7 milhões, na idade da geração Y. Bem mais que os 16,6 milhões da geração Z, ou dos 16,9 milhões dos *baby-boomers*.

CULTURA ORGANIZACIONAL

AS GERAÇÕES AO LONGO DO TEMPO - FALANDO DE GESTÃO - RODRIGO VARGAS

REFERÊNCIA BRASIL - 2018	VETERANOS	BABY-BOOMERS	GERAÇÃO X	GERAÇÃO Y	GERAÇÃO Z	GERAÇÃO ALFA
PERÍODO	1900-1945	1946-1964	1965-1979	1980-1994	1995-2009	2010 - 2025
ANO MÉDIO	1923	1955	1972	1987	2002	2018
IDADE DE CADA GERAÇÃO EM 2018	73 anos ou mais	54 a 72 anos	39 a 53 anos	24 a 38 anos	9 a 23 anos	8 anos ou menos
COMUNICAÇÃO INTERPESSOAL TÍPICA DE CADA GERAÇÃO (no entorno de 15 anos após o ano médio)	1938: Carta, Telefone, Telégrafo	1970: Carta, Telefone, Telégrafo	1987: Telefone, Telefax, Pager	2002: Telefone, PC desktop, PC laptop, Celular	2017: Telefone, Smartphone, PC laptop, PC desktop	2033: PC laptop, Smartphone, Dispositivos Vestíveis (smart wearable devices), Inteligência Artificial, Dispositivos ainda não inventados
NÍVEL DE CONECTIVIDADE	Muito Baixa	Baixa	Média	Alta	Muito Alta	Altíssima
CONTINGENTE NO MERCADO DE TRABALHO	Muito baixo	16,9 milhões	34,9 milhões	35,7 milhões	16,6 milhões	Chegando ao mercado na próxima década

A evolução da comunicação no ambiente de trabalho, ao longo das várias gerações, assim como, o seu perfil atual, facilitam entender as características mais significativas que diferenciam uma geração da outra. Procuramos, aqui, evitar generalizações despropositais, fazendo apenas aquelas que permitem um melhor entendimento das particularidades mais significativas e cabíveis de cada geração.

CULTURA ORGANIZACIONAL
COMO CRIAR UMA CULTURA QUE APOIA AS MUDANÇAS?

Um Cenário Desafiador

A globalização foi o fenômeno de interação econômico e sociocultural mais intenso entre países, iniciado, notavelmente, no final dos anos 80 e início dos anos 90. Como consequência disso, os padrões de qualidade aumentaram, não apenas dos produtos, mas, por extensão, dos próprios profissionais. A globalização se caracterizou pelo aumento da liberdade política (devido ao final da Guerra Fria), pela redução dos custos de transporte (devido às aberturas de mercado e modernização dos meios de transporte), e pela facilidade de comunicação (com o advento da internet comercial).

CULTURA ORGANIZACIONAL

As Mudanças são Mais Rápidas

Assim, vimos, no campo industrial, uma grande mudança cultural à medida que os consumidores começaram a ter mais opções de compra, e, com isso, os fabricantes de produtos de baixa qualidade tiveram, basicamente, duas alternativas: ou melhorar a qualidade, ou fechar as portas. Como efeito da globalização, as informações acontecem em tempo real, as mensagens eletrônicas facilitam a comunicação e troca de informações, e tudo acontece muito mais rápido do que décadas atrás.

A Importância das Lideranças

Com todo esse novo contexto, os prazos de introdução de novos produtos nas Organizações passaram a ser muito menores do que antes. As coisas acontecem na velocidade dos bytes. É tudo muito rápido. Incluindo a tomada de decisão. Portanto, a mudança é constante, e é necessário que todos estejamos preparados para isso. E mais do que isso, é preciso não apenas estar preparado para mudar, mas estar disposto a ser um agente de mudança, ou seja, motivar os outros a mudar, mostrando os benefícios disso. Este é um papel importante de qualquer Líder dentro das novas Organizações.

Desenvolvimento de Competências.

Lembre-se de que, nem todas as mudanças geram melhorias, mas não há melhorias sem mudanças. Isso é o que as organizações exigem hoje: mudança, melhoria e inovação. Para estar preparado para isso, é necessário um sólido programa de desenvolvimento de competências, afetando amplamente todas as partes interessadas, todos os *players*. Não há nada melhor para o processo de abertura da mente do que o treinamento, esse é um fator-chave na criação de cultura, e, também, desenvolve um ambiente qualificado e receptivo.

Criando uma Cultura que Suporta a Mudança

Então, são dois os principais fatores de sucesso na criação de uma cultura organizacional que suporte a mudança: bons líderes e um forte programa de desenvolvimento de competências para todas as partes interessadas.

Não é provável que a velocidade das mudanças diminua no futuro, ao contrário, a concorrência entre as empresas e o futuro da tecnologia só vai aumentar nos próximos anos. Então, prepare sua empresa para um futuro bem-sucedido,

CULTURA ORGANIZACIONAL

criando uma cultura que apoie a mudança, contratando e mantendo bons líderes, e implementando um programa robusto de desenvolvimento de competências. E faça isso antes de começar a perder a sua fatia de mercado, depois será mais difícil.

CULTURA ORGANIZACIONAL
GESTÃO DE MUDANÇAS

Você acabou de ver, no capítulo anterior, quais as características de uma Cultura que apoia mudanças, e que, basicamente, consiste de um adequado time de líderes da Organização, e de um robusto programa de treinamento, ambos (liderança e treinamento) trabalhando para implementar a mudança que se deseja. Agora, depois dessa base, quero me aprofundar no processo de gestão de mudanças como um todo, e que pode ser entendido em 7 passos. Vamos vê-los a seguir:

#1 – Definição da Situação Atual

Há que se definir exatamente um *baseline*, ou seja, qual é a situação atual, e o que exatamente está sendo improdutivo, negativo, ou não proveitoso de algum modo.

CULTURA ORGANIZACIONAL

Deve-se estabelecer claramente quais são as dores da Organização, o que está incomodando a Organização.

#2 – Definição da Situação Desejada (Mudança)

Após a definição da situação atual, deve-se definir a situação desejada (futura), ou seja, qual é a mudança que se quer provocar, e quais são os benefícios que se espera obter com ela.

#3 – Decisão da Alta Direção

A alta direção da Organização deve estar imbuída da missão de mudar, para que se alcance o sucesso. Afinal, mudar algo em uma Organização, seja no aspecto de pessoas ou processos, ou ainda a Cultura como um todo, requer o envolvimento consistente de todos os envolvidos, e só se consegue isso, com o envolvimento primordial da alta direção.

#4 – Comunicação

A decisão tomada e a mudança que se quer têm que estar conectadas devidamente com todos os envolvidos na Organização. Portanto, após tomada a decisão relativa à mudança, deve-se iniciar um programa de comunicação efetiva que esclareça, numa linguagem acessível, qual é a mudança que se quer, e quais são os benefícios que se espera obter, deixando claro o papel de cada um nesse processo.

CULTURA ORGANIZACIONAL

#5 – Apoio das Lideranças

As lideranças têm um papel fundamental na mudança Organizacional, elas motivam e estimulam as pessoas a seguirem o caminho da mudança, elas esclarecem, mas, mais que isso, as lideranças devem ser um exemplo inequívoco do comportamento que se quer obter com a mudança, um exemplo de como se deve agir no sentido de apoiar e abraçar a mudança e, para tanto, as lideranças devem ser bem selecionadas e preparadas.

#6 – Programa de Treinamento

O treinamento é um excelente meio de mudança de Cultura. Ao mesmo tempo em que desenvolve competências e motiva as pessoas, também promove mudanças de comportamento. Portanto, desenvolver um bom programa de treinamento voltado à colaborar na implementação da mudança é fundamental nesse momento.

#7 – Análise Crítica

De forma periódica, a alta direção deve conduzir reuniões de análise crítica, com a finalidade de verificar o andamento da mudança em relação aos seus principais aspectos, ou seja, adesão dos colaboradores, eficácia do treinamento, apoio das lideranças, comunicação, etc.

CULTURA ORGANIZACIONAL

A correta gestão de mudanças é fator essencial para o sucesso, aceitação e adesão do que é novo. Cada um dos 7 passos deve ser trabalhado com atenção e cuidado, buscando o objetivo maior que é a melhoria obtida com a mudança!

CULTURA ORGANIZACIONAL

O QUE FAZER COM PESSOAS TÓXICAS NO AMBIENTE DE TRABALHO?

Grosseria, estupidez, incivilidade, assédio, *bullying* ou toxicidade, não importa a palavra que você queira usar, o tema é uma preocupação importante para qualquer bom gestor em um ambiente de trabalho. Uma pessoa tóxica é aquela que deliberadamente, e repetidamente, ofende, humilha, ridiculariza, perturba, desrespeita, ou incomoda outras pessoas no local de trabalho. É uma questão grave que não pode ser negligenciada, e deve ser encarada com seriedade porque apenas uma pessoa tóxica tem um tremendo poder de destruição em um local de trabalho.

Nove Características de Pessoas Tóxicas

Veja, agora, nove características que, por estudo e observação ao longo de tantos anos trabalhando em

CULTURA ORGANIZACIONAL

diferentes Organizações, eu considero boas para você identificar pessoas tóxicas:

1. Pessoas tóxicas tentam desmerecer seu trabalho e a sua competência;
2. Pessoas tóxicas são sempre negativas e ficam felizes em apontar suas falhas;
3. Pessoas tóxicas sempre querem manipulá-lo, forçando-o a fazer o que elas querem; elas ficam, em cada oportunidade, querendo dizer o que você deve fazer;
4. Pessoas tóxicas gostam de discordar, e desfrutam da instabilidade criada no local de trabalho;
5. Pessoas tóxicas querem ridicularizar ou humilhar você, mas esperam que você continue tolerante com elas;
6. Pessoas tóxicas podem ser rudes, grosseiras, ou agressivas nas situações mais inesperadas;
7. Pessoas tóxicas gostam de invadir o seu espaço, e intimidá-lo;
8. Pessoas tóxicas procuram fragilizar você, por dois motivos: um, é que elas têm prazer em fazer isso; e o segundo, é que elas preparam o terreno para alguma manobra futura.
9. Pessoas tóxicas são antiéticas

Os Danos Causados por Pessoas Tóxicas

Nem todos os gestores, infelizmente, tem todo o entendimento sobre o quão ruim e perverso é ter uma pessoa tóxica dentro da organização. De acordo com uma pesquisa realizada por Christine Porath (Georgia University) e Christine Pearson (Thunderbird escola de

CULTURA ORGANIZACIONAL

gestão global) com 800 gerentes e funcionários em 17 indústrias, algumas das nefastas consequências da incivilidade apontadas por pessoas que sofreram ataques de pessoas tóxicas, são:

- 78% disseram que seu comprometimento com a Organização diminuiu;
- 66% disseram que seu desempenho piorou;
- 48% disseram ter, intencionalmente, diminuído o empenho no trabalho;
- 38% disseram ter, intencionalmente, piorado a qualidade do trabalho;
- 25% admitiram ter descontado a irritação nos clientes.
- 12% disseram que deixaram o emprego;

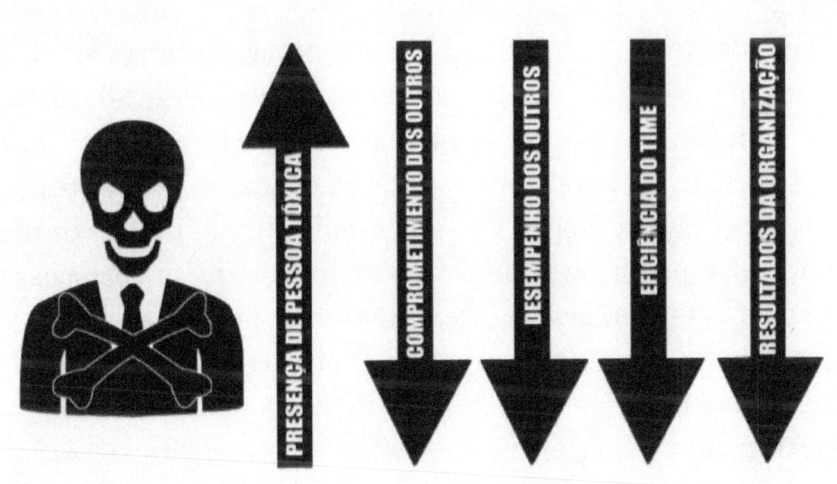

Um interessante estudo chamado "Trabalhadores Tóxicos" (*Toxic Workers*), conduzido por Michael Housman

CULTURA ORGANIZACIONAL

(Cornerstone OnDemand) e Dylan Minor (Kellogg School of Management), publicado em 2015, mostrou que evitar um trabalhador tóxico (ou convertê-lo em um trabalhador médio) proporciona mais benefícios do que substituir um trabalhador médio por um trabalhador de alto desempenho (que eles chamam de *superstar*).

O Que Fazer com Pessoas Tóxicas no Ambiente de Trabalho?

Tem alguma pessoa tóxica na empresa onde você trabalha? Se você é subordinado a ela, é mais complicado, mas ainda assim, há algo que você pode fazer! Em primeiro lugar, não entre no jogo da pessoa, ela quer que você se aborreça e perca seu desempenho, ela quer que você fique frágil. Anote as situações onde ocorreram o *bullying* ou assédio (sim, escreva data, horário, local, pessoas próximas, e todo o tipo de detalhe significativo para descrever o episódio) e tente obter testemunhas (isso é muito importante), ainda que, muitas vezes, não seja fácil. Se você entender que pode tentar ter uma conversa com a pessoa tóxica, antes de qualquer outra ação, vá em frente, mas tenha muito cuidado, e procure ter pessoas próximas a quem você possa recorrer, se necessário. Tenha uma conversa explicando que tipo de comportamento que a pessoa está tendo e que lhe é ofensivo ou abusivo. Diga-lhe que você não vai permitir que isso continue. Mas, se você acredita ser difícil uma conversa dessas, ou que não deva lograr resultado, peça ajuda dentro da Organização, por exemplo, no departamento de Recursos Humanos, ou falando com a

CULTURA ORGANIZACIONAL

chefia direta da pessoa. Essas mesmas recomendações podem valer, ainda, se a pessoa tóxica for um colega seu.

Mas se você, por outro lado, for o gestor dessa pessoa tóxica, não perca tempo, apenas livre-se dela o mais rapidamente possível! O ambiente de trabalho agradece, e a sua equipe vai ganhar em desempenho e eficácia. Pessoas tóxicas, em geral, tem algum desvio de caráter, e isso não é algo simples de lidar, nem tampouco, passível de mudar facilmente (se é que se consegue, realmente, mudar – até hoje ainda não conheci nenhum caso). Se uma pessoa que agrega pouco ao ambiente de trabalho, já coloca em risco sua permanência no time, imagine uma pessoa que, ao contrário, desagrega, desconstrói, desune, e intoxica o ambiente. Eu acredito que não vale a pena perder tempo com esse tipo de pessoa, é bem melhor se ver livre dela!

Portanto, em respeito aos colaboradores da Organização, em defesa do bom ambiente de trabalho e de uma Cultura Organizacional positiva, em prol da competitividade e dos resultados, não tolere pessoas tóxicas na sua equipe!

CULTURA ORGANIZACIONAL

POLÍTICA DE USO DE SMARTPHONE NAS ORGANIZAÇÕES

O uso dos *smartphones* popularizou-se de forma espantosa, segundo a 29ª edição da Pesquisa Anual do Uso de TI, da Fundação Getúlio Vargas, e coordenada pelo Prof. Fernando S. Meirelles, o número de *smartphones* em uso no Brasil chegou aos 220 milhões, em maio de 2018. Além das facilidades de comunicação óbvias, isso também traz uma situação de alerta para as Organizações, devido a possíveis usos indiscriminados por parte de alguns, como, por exemplo, desvio de atenção durante reuniões, ou distrações durante o horário de trabalho provocado por navegação improdutiva, além, é claro, dos problemas de segurança de informação, advindos da incrível facilidade em filmar e fotografar.

CULTURA ORGANIZACIONAL

Interessado e curioso sobre o assunto, busquei algumas pesquisas sobre políticas de uso do *smartphone* nas Organizações. Como não as encontrei, resolvi fazer, eu mesmo, uma pesquisa através do GestaoIndustrial.com. As respostas foram obtidas no período de 18/04/2018 a 01/06/2018, totalizando 164 respondentes. Veja, a seguir, os resultados.

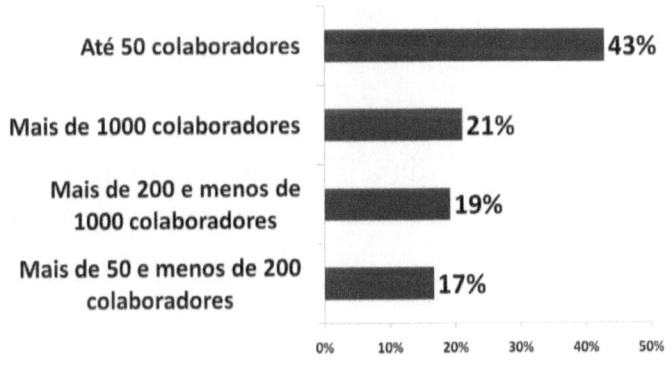

Vemos que a maioria dos visitantes do GestaoIndustrial.com que responderam à pesquisa trabalha em empresas com até 50 colaboradores, depois temos a faixa dos que trabalham em empresas com mais de 1000, entre 200 e 1000, e por último, entre 50 e 200 colaboradores.

CULTURA ORGANIZACIONAL

POLÍTICA DE USO DE SMARTPHONE NAS ORGANIZAÇÕES

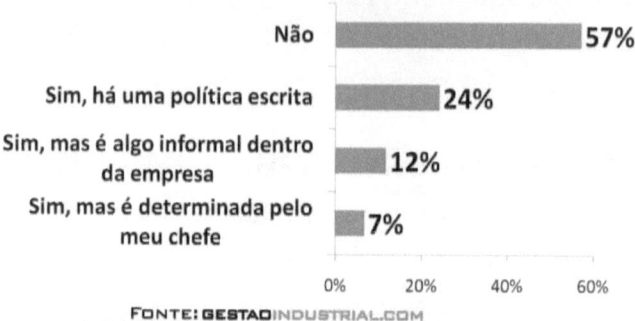

Apesar de todas as facilidades do uso do smartphone na nossa comunicação do dia a dia, existem possíveis e graves consequências pelo mau uso dos mesmos, principalmente no tocante aos aspectos de segurança e produtividade. Ainda assim, vemos que 57% dos respondentes afirmaram que a empresa onde trabalham não tem qualquer Política de uso de *smartphone*. Ter uma Política escrita foi indicado por apenas 24% dos respondentes.

CULTURA ORGANIZACIONAL

POLÍTICA DE USO DE SMARTPHONE NAS ORGANIZAÇÕES

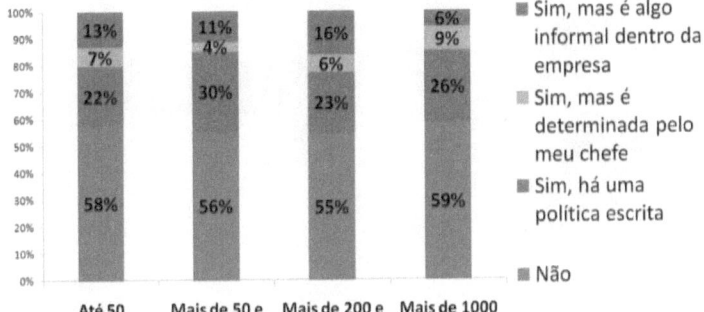

Fazendo uma análise cruzada entre o tamanho das Organizações e as respostas sobre a existência de Política, percebemos um certo equilíbrio entre os diferentes portes de empresas.

CULTURA ORGANIZACIONAL

POLÍTICA DE USO DE SMARTPHONE NAS ORGANIZAÇÕES

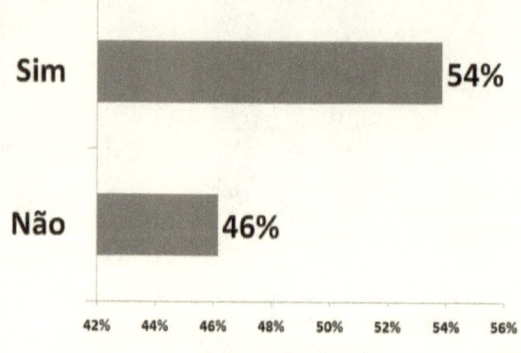

Considerando as empresas que têm uma política escrita, pouco mais da metade (54%) disse ter sido solicitado a assinar algum tipo de termo de ciência.

CULTURA ORGANIZACIONAL

POLÍTICA DE USO DE SMARTPHONE NAS ORGANIZAÇÕES

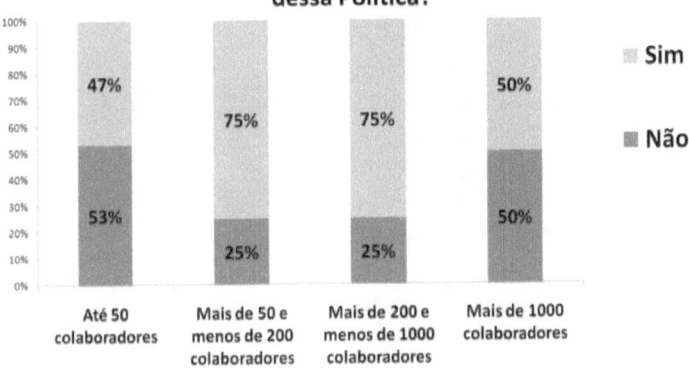

Fazendo uma análise cruzada, percebemos que as pequenas (até 50 colaboradores) e grandes empresas (mais de 1000) parecem ser as mais interessadas em obter um termo de ciência da Política de uso de *smartphone* assinado.

CULTURA ORGANIZACIONAL

POLÍTICA DE USO DE SMARTPHONE NAS ORGANIZAÇÕES

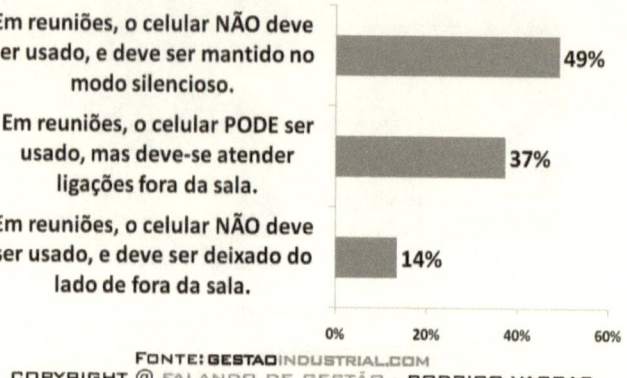

Dos respondentes que trabalham em empresas que têm algum tipo de Política para uso de smartphone (não necessariamente escrita), 63% disseram haver determinação para não se utilizar o celular em reuniões.

CULTURA ORGANIZACIONAL

POLÍTICA DE USO DE SMARTPHONE NAS ORGANIZAÇÕES

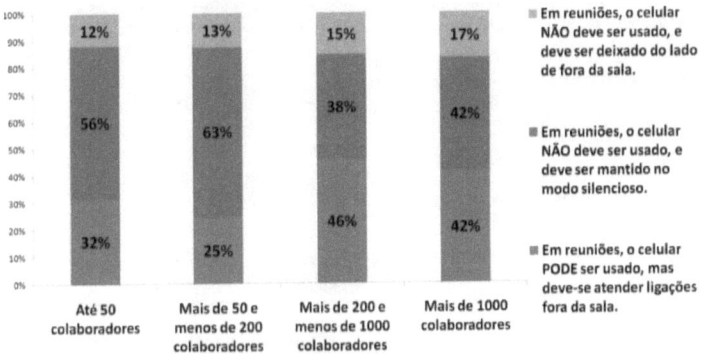

Segundo os respondentes, as empresas de maior porte parecem ser as mais liberais quanto ao uso do smartphone em reuniões.

CULTURA ORGANIZACIONAL

POLÍTICA DE USO DE SMARTPHONE NAS ORGANIZAÇÕES

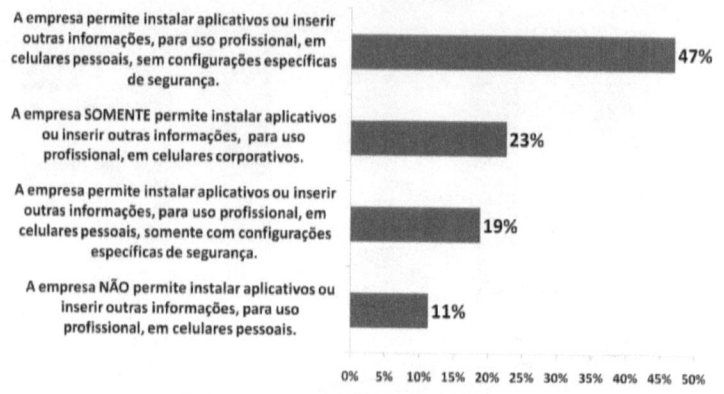

Quanto ao uso de aplicativos, quase metade dos profissionais (47%) que disseram trabalhar numa empresa que tem algum tipo de Política (não necessariamente escrita) indicaram não haver exigência para configurações específicas de segurança.

CULTURA ORGANIZACIONAL

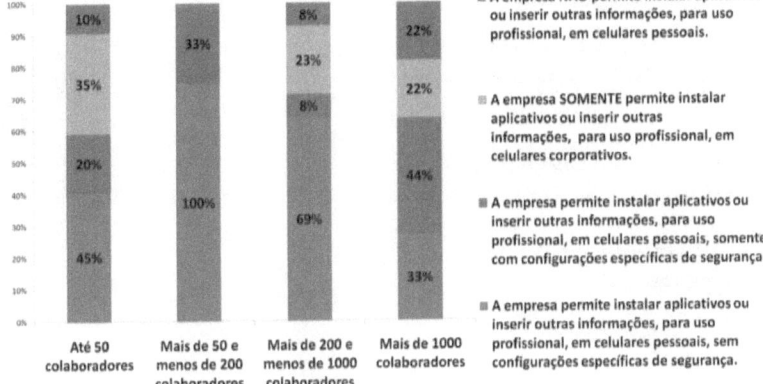

Pelas respostas dadas, as empresas grandes (mais de 1000 colaboradores) parecem ser as mais exigentes quanto à instalação e uso de aplicativos em *smartphone*.

CULTURA ORGANIZACIONAL

POLÍTICA DE USO DE SMARTPHONE NAS ORGANIZAÇÕES

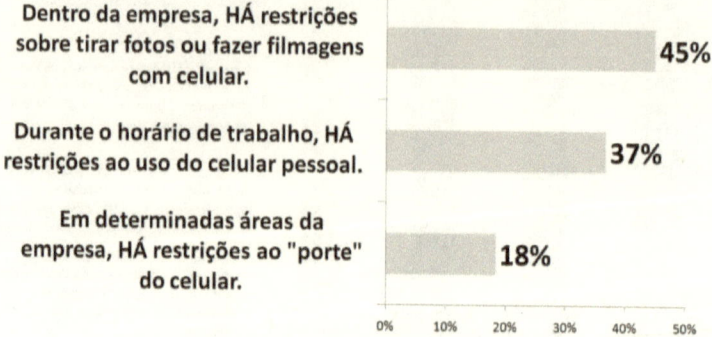

Quanto às restrições de uso do *smartphone*, a maior preocupação parece ser quanto a fotos e filmagem.

CULTURA ORGANIZACIONAL

POLÍTICA DE USO DE SMARTPHONE NAS ORGANIZAÇÕES

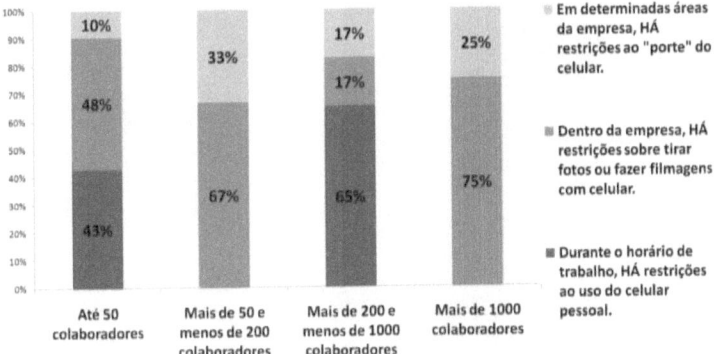

Pelas respostas dadas pelos profissionais que visitaram o GestaoIndustrial.com, as empresas com mais de 1000 colaboradores, enquanto mais liberais no uso do smartphone durante o horário de trabalho, parecem ser as mais preocupadas quanto ao aspecto de segurança de informação (fotos e vídeos).

CULTURA ORGANIZACIONAL

DESENVOLVIMENTO PROFISSIONAL

6 DICAS PRÁTICAS PARA AUMENTAR A EFICÁCIA DO TREINAMENTO CORPORATIVO

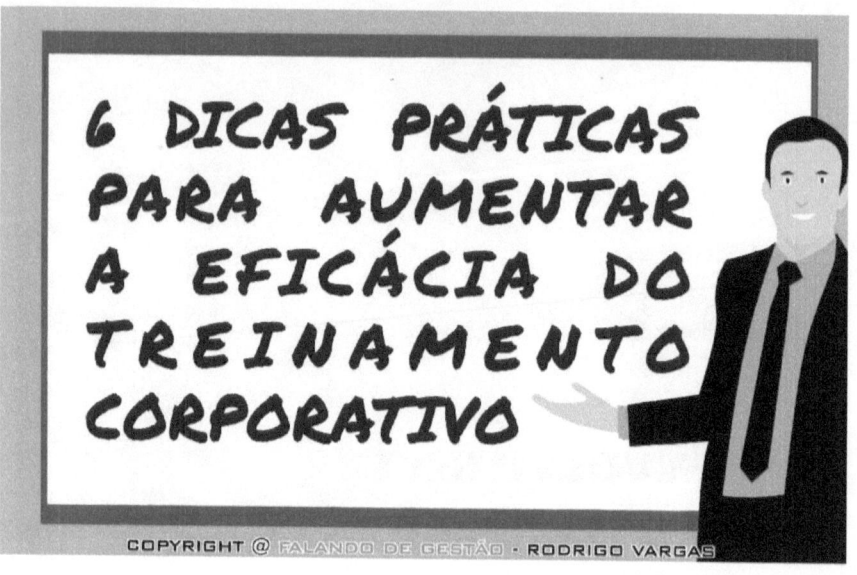

O treinamento, além de sua função original de desenvolver as competências dos colaboradores, funciona como excelente ferramenta de motivação, e é um dos pilares da formação da Cultura Organizacional. Por isso, devemos dar-lhe a devida atenção, procurando fazê-lo da melhor forma possível. Inclusive, porque o ensino de adultos (andragogia) não é igual ao ensino de crianças (pedagogia), existindo diferenças básicas, como as que eu descrevo a seguir:

- **Relação professor/aluno**: enquanto que na pedagogia o ensino é centrado no professor, na andragogia ele é centrado no aluno.

DESENVOLVIMENTO PROFISSIONAL

- **Razões da aprendizagem**: enquanto que a pedagogia segue um determinado currículo padronizado, os adultos aprendem o que realmente precisam saber, com uma abordagem prática na solução de determinados problemas.
- **Orientação da aprendizagem**: as crianças aprendem por matérias, já os adultos aprendem por competências.

Essas diferenças exigem abordagens diferenciadas para o ensino do profissional, por isso mesmo, as dicas que veremos ganham importância ainda maior. Vejamos, a seguir, algumas dicas para aumentar o aproveitamento e a eficiência dos treinamentos corporativos.

#1 - Conhecimento prévio

A informação que nós temos abre portas para novas informações, estimula a absorção de novos conteúdos, e facilita o entendimento de novos conhecimentos. Por isso, é importante que haja sempre uma coerência entre o contcúdo do treinamento e o conhecimento base do treinando, ou seja, é preciso que o profissional a ser treinado tenha o conhecimento base necessário para participar do treinamento e, assim, ter o melhor aproveitamento. Para facilitar, estabeleça os requisitos para o treinamento, e, quando for necessário, faça um treinamento de nivelamento de conhecimento para aqueles que tiverem necessidade, antes do treinamento principal. Esse pequeno cuidado pode fazer o treinamento muito mais eficiente.

DESENVOLVIMENTO PROFISSIONAL

#2 - Predisposição

A descontração, a ausência de tensão, o relaxamento, a atenção, e a concentração propiciam o aprendizado. Por isso, é muito importante a escolha do local de treinamento, e a organização, pois o colaborador tem que se desconectar dos problemas do dia a dia da empresa, para poder estar predisposto a conhecer e absorver novos conteúdos. Para isso, o treinando deve ser orientado a planejar a sua ausência, delegando suas responsabilidades, para que tenha a tranquilidade necessária para participar do treinamento. O ambiente do treinamento deve ter a infraestrutura básica, ser simpático, com o silêncio necessário e com temperatura agradável.

#3 - Exemplificação

Nós aprendemos melhor através dos exemplos, por isso, devem ser utilizadas metáforas, estudos de caso, e todo tipo de exemplo que facilite o entendimento do treinando. O exemplo tem o poder de esclarecer conceitos, clarear ideias, e demonstrar princípios de modo efetivo, sendo, em determinadas situações, o diferencial entre aprender, e não aprender.

#4 - Estímulos múltiplos

Outra boa técnica para utilizar nos treinamentos é utilizar vários estímulos: imagens, vídeos, e áudios. Fazer com que o treinando fale, recite, ou mesmo encene, é um forte estímulo para a retenção do conhecimento. Isso tudo

DESENVOLVIMENTO PROFISSIONAL

funciona como âncoras do conhecimento, facilitando a recuperação da informação aprendida, quando necessário.

#5 - Resumos

Fazer resumos do que se vai ensinando permite uma melhor retenção do conhecimento, através de dois princípios, o primeiro é o da repetição, pois ao se fazer o resumo, os conceitos mais importantes estarão sendo revisados. O segundo é que a melhor retenção do conhecimento prévio, vai facilitar o entendimento e a retenção do conhecimento subsequente.

#6 - Prática

Nada melhor para consolidar o aprendizado do que a prática. Portanto, fazer com que o treinando execute uma ação, reproduza um processo, ou participe de uma dinâmica de grupo, será uma ótima forma de facilitar o aprendizado e favorecer a memorização.

Experimente implementar essas dicas e veja os resultados de seus treinamentos melhorarem! Isso representa um maior retorno do dinheiro aplicado em treinamento, através de uma maior efetividade na transmissão das competências, e maior motivação do pessoal (pelo sentimento de aprendizado).

DESENVOLVIMENTO PROFISSIONAL

15 PERGUNTAS PARA FAZER NA SUA ENTREVISTA DE EMPREGO

O momento da entrevista é, sem dúvida alguma, um momento crucial, onde você tem que demonstrar as suas competências, passar confiança a quem lhe entrevista, mas, ao mesmo tempo, buscar compreender as características e particularidades da nova oportunidade. Para facilitar esse momento, relaciono, a seguir, 15 perguntas que podem lhe ajudar a entender alguns desses aspectos mais importantes.

1) Quais são as principais responsabilidades do cargo?

Se você não tomou conhecimento prévio da descrição do cargo, é hora de saber. Mesmo que você já tenha lido uma descrição básica do cargo, e lá deve ter uma relação das responsabilidades do cargo, o objetivo da pergunta é ouvir

DESENVOLVIMENTO PROFISSIONAL

quais são as responsabilidades-chave, as mais importantes do ponto de vista de quem o está entrevistando (faça essa pergunta a todos que o entrevistar, é bom para entender a percepção de cada um).

2) A quem (qual cargo) eu me reportarei diretamente?
Muitas vezes, a primeira entrevista não é com o seu futuro chefe, mas com alguém da área de Recursos Humanos da Organização, ou um consultor de seleção contratado, se esse for o caso, inquira sobre o cargo ao qual você se reportará, e sua posição no contexto da Organização.

3) Quem são os colaboradores/gestores que se reportarão diretamente a mim? Como é formada a equipe que estará sob minha responsabilidade?
Informação básica para o entendimento do novo desafio, e é bom para ter uma visão sobre o cargo e as responsabilidades. Se você estiver falando com um consultor de seleção, é provável que ele não saiba responder, e lhe diga que numa próxima entrevista você será informado.

4) Quais serão as minhas metas para o primeiro ano?
Objetivamente falando, uma vez assumindo o novo trabalho, é aqui que você deverá colocar os seus esforços e a sua atenção, portanto é bom conhecer essa informação.

5) Como serei avaliado? Quem fará a minha avaliação?
Uma forma objetiva de avaliar seria baseado no atingimento de metas, mas muitas Organizações utilizam-se de modelos baseados em determinadas características e

DESENVOLVIMENTO PROFISSIONAL

notas, modelos que eu, particularmente, entendo ineficazes. De todo modo, é bom você saber como será a forma de avaliação, periodicidade, e quem a fará.

6) Quais são as áreas mais problemáticas e que precisam mais atenção?
Essa é uma pergunta esclarecedora, pois é provável que o processo de seleção esteja ocorrendo por causa disso, e a expectativa da chefia e da Organização como um todo pode estar residindo justamente nessa questão.

7) Quais os desafios em relação à equipe?
Essa é uma outra pergunta que segue na mesma linha da anterior, mas, agora, focada em pessoas.

8) Quais são as competências mais importantes para esse cargo, na sua opinião?
É mais uma informação importante, pois você poderá confrontar as expectativas de quem o entrevista, com as suas próprias percepções.

9) Terei liberdade total para construir a minha equipe?
Essa é uma questão que eu reputo fundamental para poder exercer a função de gestão plenamente. Se você, como gestor, não tiver total liberdade para contratar ou demitir pessoas de sua equipe, terá dificuldades evidentes, portanto, pense bem se vale a pena!

DESENVOLVIMENTO PROFISSIONAL

10) Como são os programas de treinamento na Organização?
Essa pergunta permite conhecer um pouco sobre que tipo de investimento a Organização faz no desenvolvimento de competências dos colaboradores.

11) Por que o ocupante anterior do cargo saiu (foi demitido ou pediu demissão)? Quais foram suas principais dificuldades?
A resposta, aqui, é um bom indicativo sobre as expectativas e o contexto do desafio dessa oportunidade de trabalho.

12) Quais é o número de colaboradores, turnos de produção, e os horários de trabalho (produção e administrativo)?
Essa é uma pergunta para traduzir o atual ritmo da Organização.

13) Qual o faturamento anual da empresa?
Essa é uma pergunta que permite-lhe posicionar a Organização, no âmbito financeiro.

14) Após alguns anos trabalhando aqui, e, tendo bons resultados, quais são as possíveis novas oportunidades na Organização?
A pergunta deixa claro que você está focado no desafio de hoje, pois está imaginando uma possível mudança apenas em "alguns anos", e isso é bom para quem está do outro lado saber que, apesar de focado, você tem fôlego para ir

DESENVOLVIMENTO PROFISSIONAL

além, e é bom para você saber se existe alguma perspectiva de crescimento interno.

15) Qual é o salário e as políticas de benefício vinculadas ao cargo?
É claro que a questão salarial e os benefícios do cargo são fundamentais para uma análise de aceitação da proposta. Mas, em algumas situações, não é dada a posição salarial e, ao contrário, é solicitada uma pretensão, e nesse caso, as perguntas anteriores são importantes para você entender o tamanho do desafio. As perguntas 13 e 14 dão uma boa ideia da complexidade operacional da Organização, permitindo compor a pretensão salarial com maior clareza.

Obviamente, além dessas, outras perguntas podem ter bom efeito, dependendo, inclusive, de características específicas da oportunidade a qual você esteja se candidatando. De todo modo, vá sempre confiante, e seja claro na sua comunicação. Boa sorte!

DESENVOLVIMENTO PROFISSIONAL

COMO ACENDER A SUA CRIATIVIDADE?

Criatividade é uma das 10 competências essenciais da liderança, porém, é requerida também em Marketing, e em todas as áreas da Organização, afinal, quem está em condições de ignorar ou desprezar o potencial da criatividade? Enfim, é uma capacidade tão importante que é utilizada em inúmeras situações da vida profissional, e não profissional também. Podemos definir criatividade como sendo a capacidade de ter ideias significativas e que possam ser colocadas em prática, é a capacidade de criar soluções, é a capacidade de produzir algo novo e interessante.

Como qualquer competência, ela pode ser desenvolvida através de treinamento e observação. A pesquisadora, psicóloga e professora de neurociência cognitiva, da Universidade do Kansas, Evangelia G. Chrysikou, em seu

DESENVOLVIMENTO PROFISSIONAL

artigo *Put Your Creative Brain to Work* (Coloque o seu Cérebro Criativo para Trabalhar - em tradução livre), publicado na revista "*Scientific American - Mind*", na edição de julho de 2012, relaciona algumas táticas para desenvolver a nossa capacidade criativa:

- **Seja Observador:** acostume-se a observar e analisar situações reais e produtos existentes, de modo a entender e decodificar soluções já encontradas.
- **Adquira Conhecimento:** ao aumentar a sua base de conhecimento sobre determinado assunto, você consegue reunir e acessar diferentes soluções e melhor avaliar sua relevância para um determinado problema.
- **Saia da sua Zona de Conforto:** procure realizar atividades diferentes, faça cursos novos, leia livros, faça algo fora de sua rotina.
- **Aproveite o Trabalho Solitário:** É claro que o brainstorming em grupo, em várias situações, favorece a criação de ideias, porém, o processo criativo solitário é livre de qualquer amarras e, por isso, pode ser extremamente eficiente e não deve ser desperdiçado.
- **Discuta suas Soluções com Outras Pessoas:** conversar sobre suas ideias com outras pessoas facilita enxergar outras perspectivas, que talvez você levasse tempo para perceber por conta própria (ou ainda, nem chegasse a perceber).
- **Divirta-se:** o bom humor favorece o trabalho criativo. Ouvir música também o favorece, preferencialmente, músicas mais alegres, para processos criativos divergentes, onde se quer gerar um maior número de ideias, e possíveis soluções. Lembrando que, música, ou qualquer outro tipo de

DESENVOLVIMENTO PROFISSIONAL

distração, pode atrapalhar qualquer atividade em que se requeira atenção concentrada.
- **Tire uma Soneca:** tirar uma soneca, ou simplesmente deixar a mente vagar pode fazer com que o inconsciente trabalhe em cima do problema que o perturba, trazendo à tona possíveis soluções.
- **Faça Intervalos:** dar um tempo no problema que o preocupa, ocupando-se com tarefas totalmente diversas, pode facilitar a criação de soluções.
- **Desafie-se:** mesmo que tudo esteja correndo bem, procure aprimorar a ideia inicial e procure novas possibilidades.

Encontrar boas soluções é cada vez mais uma necessidade no mercado de trabalho, e mesmo em nossa vida pessoal, portanto, vale a pena buscar o desenvolvimento de sua capacidade criativa!

DESENVOLVIMENTO PROFISSIONAL
COMO ARGUMENTAR COM EFICÁCIA?

Argumentar é a arte de expor ideias, e, argumentar com eficácia é, além disso, conseguir ser compreendido e atingir seus objetivos ao expor sua ideia. Como diz o professor Antonio Suárez Abreu (em seu livro A Arte de Argumentar): *argumentar é **convencer**, no sentido de **vencer com** o outro*.

Para argumentar com eficácia precisamos ser claros, objetivos e persuasivos em nossa comunicação. Na argumentação temos, basicamente, a colocação de duas teses: a **tese principal**, que é a nossa ideia principal, que pode ser o marketing de um produto, ou a exposição de uma opinião; e a **tese de adesão**, que é a evidência que deve ser colocada antes da tese principal, cujo objetivo é corroborar, validar e confirmar aquilo que, como ideia principal, queremos transmitir.

DESENVOLVIMENTO PROFISSIONAL

Imagine você numa conversa com um colega de trabalho que estaria criticando a nova lei de trânsito de 2008, a chamada lei seca, sendo você a favor. Ao invés de você dizer, simplesmente, que é a favor da nova lei de trânsito, muito melhor que isso seria dizer que, baseado nas pesquisas do Departamento de Medicina Preventiva da Faculdade de Medicina da Universidade de São Paulo (USP), que avaliaram acidentes de trânsito ocorridos na cidade e no Estado de São Paulo, entre janeiro de 2001 e junho de 2010, houve uma redução de 16% na capital e de 7,2% nos demais municípios em relação aos acidentes com vítimas fatais. Considerando que, nesse período, houve aumento da frota de veículos, as redução de vítimas é prova da eficiência da nova lei. Baseado nessas estatísticas, você diria, então, que é a favor da nova lei de trânsito.

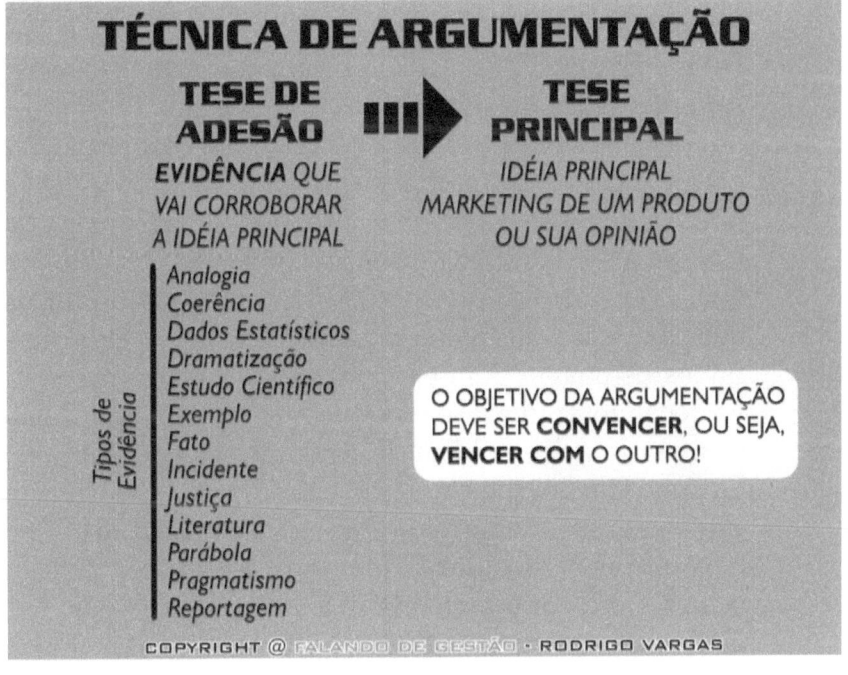

DESENVOLVIMENTO PROFISSIONAL

Tipos de Evidências

Ao expor sua ideia ou opinião, utilize sempre uma evidência antes (tese de adesão) para corroborar seu pensamento. Veja, a seguir, alguns tipos de evidência que você pode utilizar:

- **Analogia**: Ao utilizar a coerência como uma evidência (tese de adesão) para sustentar a sua ideia ou opinião (tese principal), você estará buscando uma situação similar que, por coerência, corrobora com sua tese principal. Por exemplo, se você está pleiteando uma promoção na Organização onde trabalha, pode justificar que seus colegas com o mesmo tempo de casa e realizando um bom trabalho já haviam sido promovidos. Isto, portanto, dá força ao seu pleito (promoção), pois, por coerência, você também deveria ser promovido.
- **Dados Estatísticos**: Esta é uma poderosa evidência. Imagine uma discussão sobre a qualidade do serviço público no Brasil, e você acredita que o serviço, em geral, carece de melhorias. Como tese de adesão (evidência) você poderia citar uma pesquisa da CNI/Ibope, de 2016, em que 90% dos brasileiros apontam que a qualidade dos serviços públicos deveria ser melhor, considerando o valor dos impostos pagos. Com este dado estatístico, você está fornecendo uma evidência que suporta a sua opinião de que o serviço público no Brasil precisa melhorar.
- **Dramatização**: Dramatizar é criar uma forma interessante, emocionante e teatralizada de apresentar a sua ideia. Imagine você querer dizer a uma criança que atravessar a rua é perigoso e, por isso, ela deve dar a mão aos seus pais. Falar somente isso não irá gerar convencimento suficiente.

DESENVOLVIMENTO PROFISSIONAL

Aí, então, você pega um tomate e coloca no meio da rua, e fica aguardando junto com a criança. Quando passar um carro e amassar o tomate, aí sim, ela irá entender como é perigoso atravessar a rua, e porque ela deve sempre dar a mão a um adulto.

- **Estudo Científico**: Para embasar um argumento, a citação de um estudo científico é, também, uma forma muito eficaz. Imagine que você está defendendo, na sua Organização, o aumento do orçamento da área de Treinamento & Desenvolvimento. Nesse caso, poderia citar o artigo *A Well-Educated Workforce Is Key to State Prosperity* (Uma Força de Trabalho Bem-educada É Fundamental para a Prosperidade do Estado – em tradução livre), publicado em Economic Analysis Research Network, por Noah Berger e Peter Fisher, em 2013, baseado nos dados do Departamento de Estatísticas do Trabalho dos Estados Unidos (bls.org), e que conclui que quanto maior o nível educacional da força de trabalho, maior a produtividade.
- **Exemplo**: Evidenciar uma ideia através de um exemplo é baseada na repetição de situações similares ocorridas anteriormente. Pode servir para reforçar positivamente ou negativamente aquilo que você está querendo defender. Se você está defendendo a ideia de que as pessoas acima de 50 anos podem ser criativas e produtivas, poderia citar o exemplo de John Pemberton que criou a fórmula da Coca-Cola aos 55 anos; ou o de Ray Croc que, aos 59 anos, criou o sistema de *franchising* do McDonald's a partir da loja dos irmãos McDonald; ou ainda o de Arianna Huffington que, aos 54 anos fundou o web site de notícias e variedades HuffPost.

DESENVOLVIMENTO PROFISSIONAL

- **Incidente**: Neste caso, a tese de adesão (evidência que corrobora sua tese principal) estará baseada num determinado acontecimento ou episódio circunstancial; algo que aconteceu com você ou com alguém que você conhece. Imagine a seguinte situação, você quer evidenciar que um determinado comércio online não é de confiança, então, você comenta que, tempos atrás, fez uma compra nesse website e o produto apresentou um defeito, mas a loja levou 6 meses para solucionar o problema. Isto é um incidente pessoal que dá credibilidade à sua tese principal de que a loja não é de confiança.
- **Justiça**: Fundamenta-se no fato de que não deve haver distinção em relação a pessoas ou coisas que estejam na mesma situação. Imagine dois funcionários no mesmo nível hierárquico, e funções similares. Um deles teve ajuda de custo para seus estudos, e ao outro lhe foi negado. O segundo poderia alegar que, por questões de justiça, já que exerce funções muito similares e com eficiência profissional muito próxima, também deveria ter ajuda de custo para si.
- **Literatura**: Nesse caso, o argumento baseia-se na citação de algum livro que dê sustentação à sua ideia principal. Por exemplo, se você quer defender a ideia de que oferecer muitas opções de um determinado produto ao cliente não é uma boa estratégia de marketing, poderia citar o livro O Paradoxo da Escolha: Por que Mais É Menos, de Barry Schwartz, que diz que, no marketing, todo consumidor gosta de fazer boas escolhas, por isso, quando é difícil escolher, o consumidor pode desistir da compra ou, se comprar, arrepender-se da escolha.
- **Parábola**: A parábola é uma excelente forma de transmitir ideias. Jesus falava muito por parábolas.

DESENVOLVIMENTO PROFISSIONAL

Por exemplo, para defender a ideia de que devemos, independentemente de nossa área de atuação, buscar constantemente o desenvolvimento profissional, poderia citar a parábola do Leão e da Gazela, que diz o seguinte: Na África, todas as manhãs, uma gazela acorda sabendo que deverá correr mais do que qualquer leão se quiser se manter viva. E o leão, todas as manhãs, acorda sabendo que deverá correr mais do que uma gazela, para não morrer de fome. Ou seja, não importa se você é leão ou gazela, quando o sol nascer, é melhor começar a correr.

- **Pragmatismo:** Essa técnica de argumentação consiste em sustentar uma ideia baseado na relação entre uma ação (ou acontecimento) e suas consequências positivas, ou entre uma ação (ou acontecimento) e suas consequências negativas. Veja um exemplo no texto de Paulo Coelho, a seguir:
O mullah Nasrudin chamou o seu aluno preferido:
– Vá pegar água no poço.
O menino preparou-se para fazer o que lhe fora pedido. Antes de partir, entretanto, levou um cascudo.
– E não entre em contacto com jogadores e pessoas vaidosas, senão terminará ofendendo a Deus!
– Ainda nem saí de casa, e já recebi um cascudo! O senhor está me castigando por algo que não fiz!
– Com as coisas importantes na vida, não se pode ser tolerante – disse Nasrudin. – De que adiantaria castigá-lo depois que já tivesse perdido sua alma?

- **Reportagem:** O argumento de mencionar uma determinada reportagem é também uma boa alternativa, desde que, é claro, o veículo de

DESENVOLVIMENTO PROFISSIONAL

informação (emissora de TV, rádio, internet, jornal, revista, etc.) tenha credibilidade. A reportagem pode estar fazendo menção a várias das técnicas de argumentação já citadas: dados estatísticos, estudo científico, exemplo, incidente, etc.

Jordan Peterson, psicólogo canadense, escritor, e professor da Universidade de Toronto, costuma utilizar a técnica de iniciar uma argumentação enfatizando os pontos em comum com o seu interlocutor, pois isso faz com que a outra pessoa tenha uma predisposição positiva em relação ao que será dito, fazendo com que seu argumento seja melhor percebido, e ouvido com mais atenção. A argumentação, como já dissemos, tem o objetivo, não de vencer o outro como se ele fosse um adversário, mas de convencer (vencer com) a outra parte, fazendo-a entender, através das técnicas de argumentação, o seu ponto de vista, sua opinião, sua ideia. Isto, sim, é argumentar com eficácia.

DESENVOLVIMENTO PROFISSIONAL

COMO CONSTRUIR NOVOS HÁBITOS?

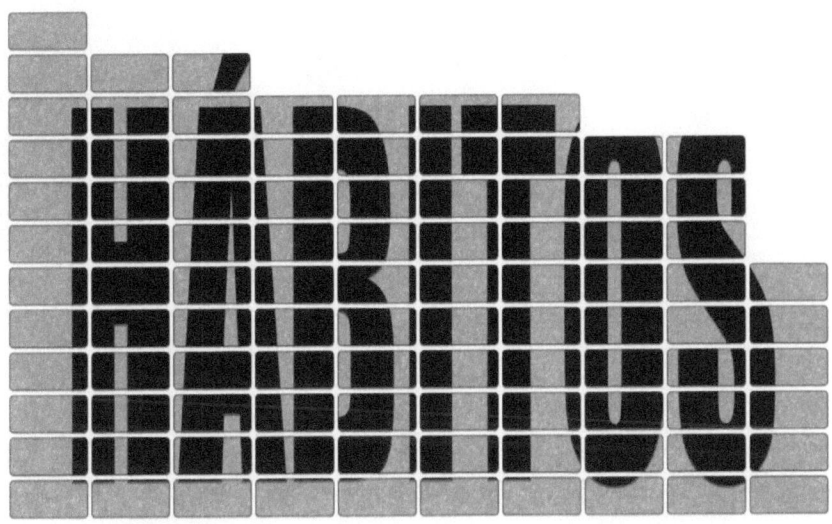

Mas, o que é, realmente, um hábito? Ter um hábito significa praticar algo com frequência, ter disposição para agir constantemente de certo modo. Os hábitos nos levam a responder a determinados estímulos, automaticamente. Então, estabelecer determinadas ações como hábito, apresenta uma série de vantagens, entre elas, uma maior eficiência e produtividade nas ações (pela repetição e constância), além dos próprios benefícios decorrentes da repetição de ações que consideramos boas.

Os hábitos podem ser adquiridos intencionalmente, ou não; e eles podem ser saudáveis, benéficos, ou prejudiciais. Mas, como formar um hábito? Seja para introduzir um novo hábito, como a leitura, exercício físico, acordar mais cedo, ou parar de fumar, precisamos de disciplina e

DESENVOLVIMENTO PROFISSIONAL

determinação, mas, será só isso? Vamos ver, então, de modo bem objetivo, o que a ciência tem mostrado!

Formar Hábitos Leva um Certo Tempo

Existe o número cabalístico de 21 dias, como sendo o tempo necessário para adquirir um hábito, largamente propagado por diversos autores da Neurolinguística e afins. Apesar de muito mencionado, não se sabe ao certo sua origem. Muito provavelmente, tenha sido incorporado por meio do livro *Psycho-Cybernetics: A New Way to Get More Living Out of Life* (Psicocibernética: uma nova maneira de aproveitar melhor a vida – em tradução livre), publicado em 1960, do cirurgião e pesquisador americano Maxwell Maltz, que observou o número 21 em seu trabalho.

Veja o que ele diz em um pequeno trecho de seu livro (em tradução livre): *"...Geralmente, se requer um mínimo de 21 dias para afetar qualquer mudança perceptível em uma imagem mental. Após a cirurgia plástica, leva cerca de 21 dias para o paciente médio se acostumar com seu novo rosto. Quando um braço ou uma perna é amputada o "membro fantasma" persiste por cerca de 21 dias. As pessoas devem morar em uma casa nova por cerca de três semanas antes de começar a "parecer em casa". Estes e outros fenômenos comumente observados tendem a mostrar que se requer um mínimo de cerca de 21 dias para uma imagem antiga se dissolver e uma nova ser criada..."*

DESENVOLVIMENTO PROFISSIONAL

Um estudo de 2009 de Phillippa Lally e seus colegas Cornelia H. M. van Jaarsveld, Henry W. W. Potts, e Jane Wardle, (University College London), observou o tempo em que as pessoas levavam para automatizar determinadas ações. O tempo que os participantes levaram para alcançar razoável automatização variou de 18 a 254 dias, e a média encontrada foi de 66 dias. Sejam 21 ou 66 dias, penso que seja plausível adotar um número inicial de 30 dias, como meta para a repetição do hábito que queremos criar. Com o tempo, você mesmo poderá ajustar esse número, se entender necessário.

Formando Hábitos

Para formar hábitos é simples, mas, não necessariamente, fácil. Construir bons hábitos requer tempo (como acabamos de ver), além de muita disciplina, determinação na sua execução, e disposição. Uma pesquisa de 2015 do MIT (Instituto de Tecnologia de Massachusetts), realizada pelos pesquisadores Theresa M. Desrochers, Ken-ichi Amemori, e Ann M. Graybiel, revelou que neurônios no cérebro de primatas pesam os custos e os benefícios para conduzir a formação de hábitos. Como tudo na natureza, o nosso cérebro procura uma relação custo/benefício ótima para executar suas funções.

DESENVOLVIMENTO PROFISSIONAL

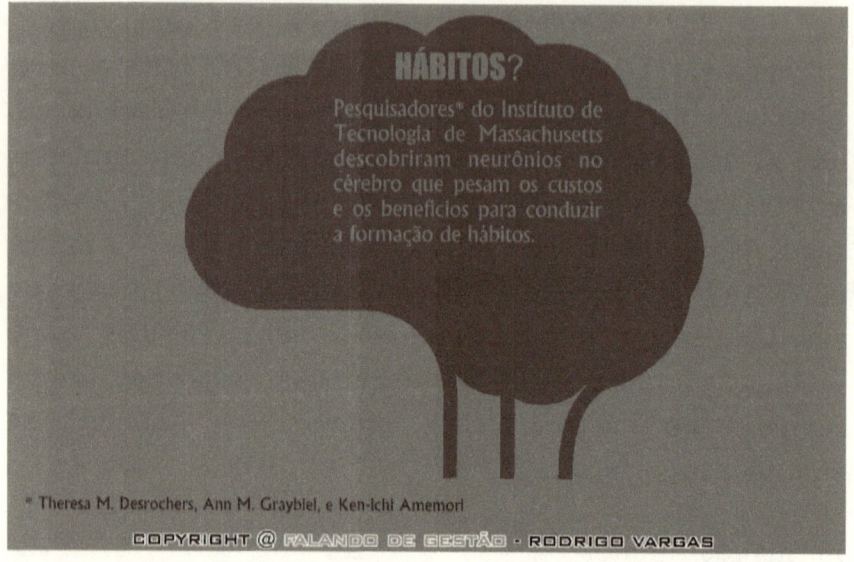

HÁBITOS?
Pesquisadores* do Instituto de Tecnologia de Massachusetts descobriram neurônios no cérebro que pesam os custos e os benefícios para conduzir a formação de hábitos.

* Theresa M. Desrochers, Ann M. Graybiel, e Ken-Ichi Amemori

O planejamento do hábito contempla a caracterização do **benefício**, e a descrição da **ação** envolvida na execução do hábito. Vejamos, a seguir:

- **Benefício**: Criar um hábito requer, como já dissemos, disciplina e determinação na sua execução, portanto, é fundamental ter muito claro em mente o benefício que estamos buscando. É preciso definir um propósito, ou seja, qual é o ganho que teremos ao agir habitualmente desse ou daquele modo. Poderemos, inclusive, caracterizar os ganhos de curto prazo (aqueles advindos da simples execução da ação), e os de longo prazo (aqueles advindos da introdução da ação como um hábito).
- **Ação**: Devemos descrever o procedimento ou rotina a qual estaremos nos engajando, para proporcionar o benefício que queremos. É importante que tenhamos em mente, tão sucintamente quanto possível, mas tão detalhadamente quanto necessário, a descrição

DESENVOLVIMENTO PROFISSIONAL

da ação que precisamos executar, e do comportamento que temos que assumir.

O Ciclo da Formação do Hábito

Vários psicólogos e pesquisadores, inclusive o consagrado autor do best seller "O Poder do Hábito", Charles Duhigg, apontam que o ciclo para formação do hábito segue um padrão: gatilho, ação e recompensa. Ação e recompensa, é o que estávamos chamando de custo e benefício, mas, agora, vemos aparecer o gatilho, que é o que desencadeará a ação. Por exemplo, ao ouvir o despertador (gatilho), vou levantar e colocar a roupa de treino, comer uma banana, e vou para o treino (ação) na academia, porque me sentirei bem depois do treino, e sei que isso proporcionará redução de peso, aumento de massa muscular, imunidade, disposição e inúmeros outros benefícios (recompensa).

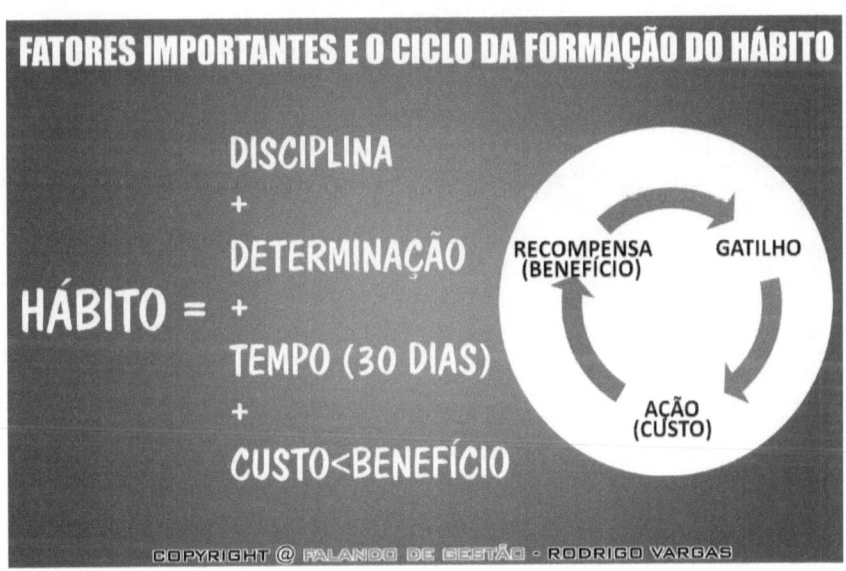

DESENVOLVIMENTO PROFISSIONAL

Nesse exemplo da academia, sempre que tocar o despertador, executaremos a ação, percebendo a recompensa que teremos, e pensando no benefício que estaremos desfrutando ao final do treino (além do bem-estar a curto prazo, melhora da saúde a longo prazo). Obviamente, haverá manhãs que você poderá pensar "hoje não, estou cansado...não dormi direito...é melhor eu dormir mais um pouco." Esse tipo de pensamento é uma forma de relutarmos em mudar e abraçar o novo hábito. Isso é normal ocorrer quando não ficou claro o benefício que estamos buscando, ou até a própria relevância dele para nós. Fazer o seu cérebro visualizar o benefício, criar uma imagem mental positiva, é importante para estimular a execução do hábito, facilitando a sua formação.

DESENVOLVIMENTO PROFISSIONAL

DESESTRESSE: UM EXERCÍCIO MENTAL SIMPLES PARA AJUDAR A TERMINAR BEM O SEU DIA

O estresse do dia a dia pode, facilmente, drenar as nossas energias e até nos levar a um quadro clínico de depressão. Você já deve ter tido contato com as mais variadas estratégias como a meditação, relaxamento com respiração abdominal, e outras do gênero. Vou mencionar uma outra ferramenta que tem o objetivo de enfatizar os pontos positivos de seu dia, de um modo simples e sistemático. O que importa é que você experimente e veja o que funciona melhor para você.

A psicóloga inglesa, Dra. Sandi Mann, da Universidade de Lancashire Central (UK), em seu livro publicado em 2018, *Ten Minutes to Happiness: A daily journal that will*

DESENVOLVIMENTO PROFISSIONAL

change your life (Dez Minutos para a Felicidade: Uma jornada diária que irá mudar a sua vida - em tradução livre) propõe, baseada em sua experiência clínica e em outros estudos científicos, um exercício mental simples que poderá lhe ajudar a reduzir o estresse e aumentar o grau de bem-estar. Esse exercício consiste em responder 6 perguntas:

Quais foram as experiências, por mais simples que sejam, que lhe fizeram bem?

1. Quais foram os elogios ou feedbacks positivos que você recebeu?
2. Quais foram os momentos de pura sorte?
3. Quais foram as suas realizações, por menores que tenham sido?
4. O que lhe fez sentir agradecido?
5. Em que momentos você expressou gentileza?

É interessante que você anote, como num diário, esses pontos positivos de seu dia, mas, se preferir, comece apenas respondendo às perguntas mentalmente. Nós, muitas vezes, costumamos dar uma ênfase aos pontos negativos de nosso dia, e esse exercício nos faz enxergar com nitidez os pontos positivos. Ainda que as experiências negativas sejam importantes fontes de aprendizado, não podemos nos esquecer de tudo o que deu certo em nosso dia, e esse é o objetivo desse exercício!

DESENVOLVIMENTO PROFISSIONAL

DISCIPLINA É LIBERDADE!

Renato Russo, vocalista da banda Legião Urbana, escreveu, na última estrofe da letra da música "Há Tempos", os seguintes versos: *"Disciplina é liberdade, Compaixão é fortaleza, Ter bondade é ter coragem".* Confesso que não sei o sentido exato que ele quis dar a isso, porque nunca o ouvi falar sobre essa letra, mas eu interpreto, de forma muito clara, que há uma associação positiva da palavra "disciplina" com a palavra "liberdade". E por que "disciplina" se relaciona com "liberdade"? Porque, na minha visão, **a disciplina, entre outras coisas, facilita a gestão do tempo, e favorece a organização,** competências que levam a pessoa a ser mais dona de si, e, portanto, ter mais liberdade.

Onde Há Sabedoria, Há Disciplina, Onde Há Disciplina, Há Resultado.

DESENVOLVIMENTO PROFISSIONAL

Eu estava tomando um copo d'água na academia onde eu treino, entre um exercício e outro, quando, na sala ao lado (utilizada para práticas de artes marciais e aeróbica), um cartaz com o título de "Regras de Comportamento no Tatame" me chamou atenção. Entre os seus vários dizeres, reproduzo alguns a seguir:

- Cumprimente o tatame antes de entrar.
- Cumprimente o tatame antes de sair.
- Mantenha uma atitude respeitosa dentro do tatame.
- Durante a aula, enquanto o instrutor estiver demonstrando uma técnica, os alunos devem sentar-se, ou ajoelhar-se.
- Caso você esteja atrasado, aguarde a permissão do instrutor para entrar no tatame.
- Caso você precise sair do tatame antes do término da aula, favor pedir a permissão ao instrutor.
- Conversas devem ser mantidas em tom silencioso e restritas ao assunto sendo discutido na aula.
- ...

Pensei comigo mesmo: Certo! Pois, haveria outra forma de conduzir uma aula, sem estabelecer a devida disciplina? Claro que não. Curioso, eu fui pesquisar regras similares de outras artes marciais, e encontrei várias, com o mesmo objetivo, ou seja, disciplinar o comportamento do aluno, objetivando o sucesso da prática.

Infelizmente, não se vê muita disciplina em salas de aula das escolas e faculdades, em geral. Há um tempo atrás, fui dar uma palestra numa turma de administração de uma

DESENVOLVIMENTO PROFISSIONAL

faculdade (muito bem-conceituada por sinal), mas pouco vi de disciplina. Quando entramos na sala de aula, o professor e eu, a turma estava em algazarra, que continuou, apesar da presença do professor, diminuindo um pouco, apenas, pela estranheza natural de verem uma pessoa diferente (eu). Quando o professor começou a falar, ainda se podia ver vários alunos conversando. Porém, quando eu comecei a falar, logo de cara disse que sabia que todos deveriam estar cansados (era uma turma da noite), mas que o assunto que eu falaria era interessante para eles, e que era preciso que todos colaborassem, prestando atenção. Fiz uma palestra com bastante energia, e, quando algum aluno conversava, eu, imediatamente, me aproximava dele, falando mais diretamente, ou mesmo, fazendo-lhe alguma pergunta. Resultado: a disciplina que utilizei proporcionou uma boa palestra!

As Empresas Precisam de Disciplina!

No meu livro 52 Bons Hábitos de Gestão, Liderança e Relações Humanas, no capítulo "Crie uma perspectiva positiva do futuro", eu menciono o círculo virtuoso do time vencedor, que começa com "visão positiva", mas que tem a "disciplina" como um dos seus pontos fundamentais e, para relembrar, coloco, a seguir, a figura. De todo modo, pela importância do tema, falarei dessa figura mais adiante em detalhes, no capítulo Como Construir um Time Vencedor.

DESENVOLVIMENTO PROFISSIONAL

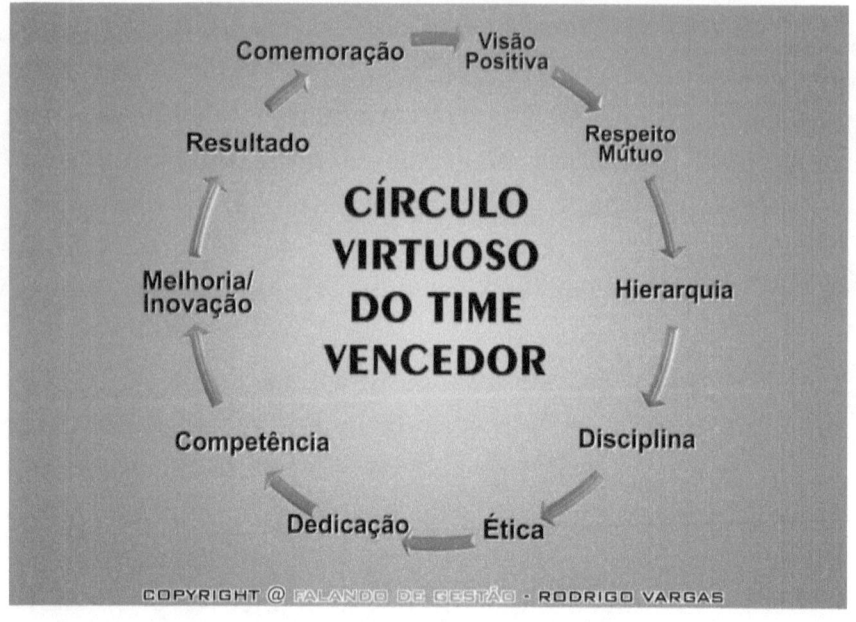

Se é preciso disciplina para um aluno aprender, é preciso disciplina para se executar bem um trabalho, é preciso disciplina para se manter um convívio saudável, é preciso disciplina para se obter bons resultados, é preciso disciplina para ser bem-sucedido. Portanto, uma Organização deve estabelecer disciplina, ainda que haja críticas de alguns, dizendo que isso "cerceia a liberdade" ou "oprime", o que não é verdade, pois já vimos que **disciplina é liberdade**", e o objetivo é estabelecer padrões para alto desempenho, e atingimento de resultados. Assim como um time de futebol deve ter disciplina, se quiser ser campeão, uma Organização vencedora também deve estabelecer disciplina. Acontece que, equivocadamente, algumas pessoas confundem liberdade com bagunça ou desordem. O dicionário Aulete Digital dá uma boa definição de "disciplina": Conjunto de princípios e métodos

DESENVOLVIMENTO PROFISSIONAL

estabelecidos para o funcionamento adequado de qualquer instituição, atividade etc. Ou ainda, como diz o Michaelis On-line, disciplina é a obediência às normas convenientes para o bom andamento dos trabalhos.

Há sim, aqueles que preferem viver na desordem; estes, porém, não servem para trabalhar numa Organização eficiente e vencedora. Jim Rohn, um empreendedor e autor americano, disse que **a disciplina é a ponte entre os objetivos e as realizações!** É verdade, não consigo imaginar qualquer trabalho bem-feito, sem disciplina. E você?

DESENVOLVIMENTO PROFISSIONAL

O EFEITO DUNNING-KRUGER E A SÍNDROME DO IMPOSTOR

"*O tolo pensa que é sábio, mas o sábio se reconhece um tolo*". Essa é uma frase do personagem Touchstone, da peça *As You Like It* (Como Gostais), do dramaturgo Willian Shakespeare, e representa muito bem dois conceitos da psicologia, e que podemos encontrar, é claro, no mundo corporativo: o efeito Dunning-Kruger, e a Síndrome do Impostor.

O Efeito Dunning-Kruger

O efeito Dunning-Kruger é um conceito advindo de um estudo (Unskilled and Unaware of It: How Difficulties in Recognizing One's Own Incompetence Lead to Inflated Self-Assessments), de 1999, de dois professores e psicólogos da Universidade Cornell, David Dunning e

DESENVOLVIMENTO PROFISSIONAL

Justin Kruger, e que diz que as pessoas com menor nível de competência em determinado segmento, superestimam a sua percepção de competência, sem se darem conta disso.

Sem dúvida, a autoconfiança é importante, mas é igualmente importante desenvolvermos a autocrítica. Quanto temos uma elevada autoconfiança, com uma baixa autocrítica, podemos encontrar o efeito Dunning-Kruger se manifestando, e o maior risco, nas Organizações, me parece vinculado, principalmente, a dois momentos:

Processos de Contratação: aqui, alguém que se ache competente, sem sê-lo, pode, pelo excesso de autoconfiança, iludir as pessoas envolvidas, e acabar sendo contratado numa função para a qual não tem a devida competência. Eu já participei de centenas de processos de contratação, ao longo de minha carreira (e tenho a felicidade de ter acertado muito), mas reconheço que, no começo da minha jornada, fiz uma contratação equivocada, que, hoje, reputo ao efeito Dunning-Kruger no candidato.

Gestão e Liderança: seja a gestão ou liderança de um projeto, ou de uma área, a pessoa que assume essa função sem a devida competência, pode causar um estrago gigantesco dentro da Organização. E o pior é que a gente vê isso não raramente nas Organizações e, sem dúvida, os motivos são os mais variados, mas o efeito Dunning-Kruger é um deles.

Para evitar que esses potenciais problemas ocorram, valerá sempre, entre outras ferramentas, o bom "olho" e a

DESENVOLVIMENTO PROFISSIONAL

intuição afiada dos líderes da Organização, processos coerentes de contratação, e a avaliação eficaz do colaborador.

A Síndrome do Impostor

A Síndrome do Impostor é, de certo modo, o inverso do Efeito Dunning-Kruger, e significa dizer que a pessoa, embora competente, não se vê assim. Esse conceito veio do estudo *The Imposter Phenomenon in High Achieving Women: Dynamics and Therapeutic Interven*, de 1978, de duas psicólogas da Universidade Georgia State, Pauline Rose Clance e Suzanne Imes. O termo original, como se vê no título, era "Fenômeno do Impostor", e o estudo era relativo às mulheres no trabalho que, apesar de terem reconhecidos resultados de sucesso, não se sentiam competentes na mesma medida. Mais tarde, o conceito foi ampliado para homens e mulheres, indistintamente, pois se verificou que os homens também podem padecer dessa visão distorcida de si mesmos.

Nas Organizações, essa síndrome se manifesta naqueles profissionais visivelmente competentes, mas que relutam em assumir novos desafios. Podem ser aquelas pessoas que olhamos e pensamos: "Poxa, que talento desperdiçado!" Mais uma vez, o papel das lideranças é importante para motivar essas pessoas a assumirem novos desafios, dando o devido apoio para que elas possam desempenhar novas funções.

DESENVOLVIMENTO PROFISSIONAL

EFEITO DUNNING-KRUGER x SÍNDROME DO IMPOSTOR

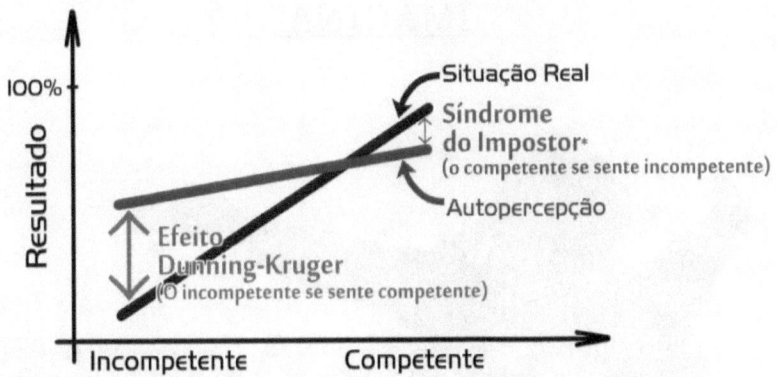

Adaptado dos estudos dos psicólogos e professores Justin KRUGER & David DUNNING intitulado "Unskilled and Unaware of It: How Difficulties in Recognizing One's Own Incompetence Lead to Inflated Self-Assessments" (1999) - Universidade Cornell
*Termo originalmente cunhado pelas psicólogas Pauline Rose Clance & Suzanne Imes como *Fenômeno do Impostor*, no artigo "The Imposter Phenomenon in High Achieving Women:Dynamics and Therapeutic Intervention" (1978) - Universidade Georgia State

COPYRIGHT @ FALANDO DE GESTÃO · RODRIGO VARGAS

Ter consciência de que estes fenômenos comportamentais existem, é o primeiro passo para reconhecê-los e identificá-los, protegendo-nos de seus efeitos, e, ao mesmo tempo, tendo o discernimento de que isso não ocorre apenas com os outros, mas pode ocorrer com nós mesmos.

DESENVOLVIMENTO PROFISSIONAL

SUA POSTURA DIZ MAIS DO QUE VOCÊ IMAGINA!

A sua postura corporal fala mais sobre você do que você imagina. Isto porque, a sua postura corporal não apenas influencia os outros, mas, você mesmo. A postura é algo tão importante, mas tantas vezes negligenciada.

A Sua Postura Influencia os Outros

Imagine a seguinte cena: o gerente está no chão de fábrica, anda de cabeça baixa, ao parar para conversar com alguém, encosta o corpo em uma coluna, em outro movimento coça a cabeça e, em seguida, escorrega a mão desde a testa até a sua nuca. Muito bem, agora imagine o seguinte: o gerente está no chão de fábrica e caminha de cabeça erguida (sem arrogância, mas de forma natural), olha para os lados, ao parar para conversar com alguém,

DESENVOLVIMENTO PROFISSIONAL

coloca as duas mãos na cintura, olhando no rosto da pessoa. O que lhe pareceram estas cenas? É flagrante que o primeiro gerente parece preocupado, pessimista, derrotado; enquanto o segundo transparece positivismo e energia.

Sabemos que nossa postura pode influenciar o pensamento dos demais, mas, infelizmente, o mais das vezes, não nos disciplinamos devidamente. Uma liderança, pela influência natural que exerce sobre os outros, deve educar sua postura, pois, numa empresa, nem todo mundo poderá ouvir o que ela fala, mas qualquer um poderá vê-la de longe, transformando a sua postura em deduções e conclusões. Sendo assim, cuide para que sua postura transmita energia e positivismo.

A Sua Postura Influencia Você Mesmo

Um estudo da psicóloga social e professora de Harvard Amy J.C. Cuddy, e de seus colegas Dana R. Carney, e Andy J. Yap, da Universidade de Columbia, publicado em 2010 no jornal científico Psychological Science, analisou o efeito e a influência da postura corporal sobre a própria pessoa. Segundo esse estudo, humanos e outros animais expressam poder através de posturas abertas e expansivas, e, ao contrário, expressam fraqueza através de posturas contraídas e fechadas. A questão a ser confirmada era se a adoção de um tipo, ou outro, de postura poderia realmente impactar de forma objetiva na própria pessoa. Para tanto, dois grupos assumiram posturas distintas por um minuto, enquanto um adotou

DESENVOLVIMENTO PROFISSIONAL

posturas de alto poder (sentado em uma cadeira com as mãos atrás da cabeça e os pés sobre a mesa; de pé com as mãos sobre uma mesa e o corpo ligeiramente inclinado para a frente), o outro grupo adotou posturas de baixo poder (sentado com as mãos cruzadas entre as pernas; de pé com os braços cruzados e junto ao corpo e as pernas cruzadas).

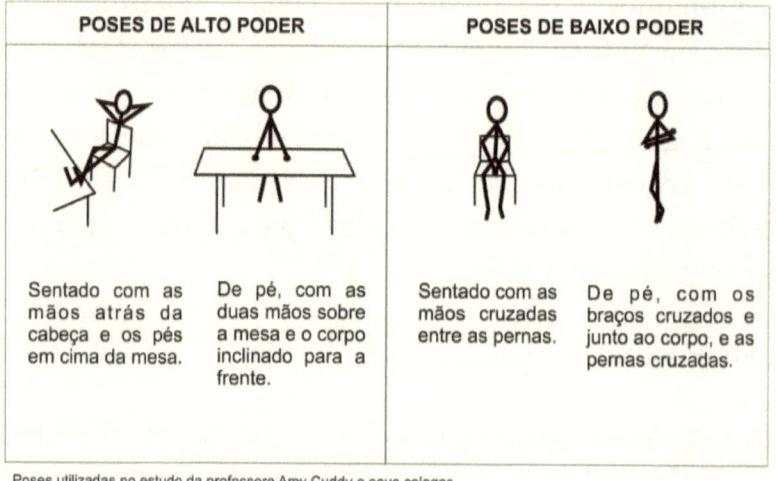

Poses utilizadas no estudo da professora Amy Cuddy e seus colegas.

Observou-se que o grupo que adotou posturas de alto poder teve alterações positivas no sistema neuroendócrino e no comportamento, haja vista que experimentaram um aumento na testosterona (hormônio do vigor) e redução do cortisol (hormônio do *stress*), além do que, percebeu-se um aumento dos sentimentos de poder e tolerância ao risco. As posturas de baixo poder, ao contrário, levaram o grupo a uma redução de testosterona e aumento de cortisol. Em resumo, adotar posturas de alto poder causou mudanças

DESENVOLVIMENTO PROFISSIONAL

psicológicas, fisiológicas e comportamentais vantajosas e adaptativas.

Portanto, não apenas a mente influencia o corpo, mas o corpo também influencia a mente! Adote posturas positivas e de autoconfiança, pois, dessa maneira, não apenas vai influenciar positivamente os outros, como a si mesmo!

DESENVOLVIMENTO PROFISSIONAL

GESTÃO DE PROJETOS

10 RAZÕES PELAS QUAIS OS PROJETOS ATRASAM!

Um dos problemas mais comuns em uma Organização é o atraso nos projetos. Listo, a seguir, 10 causas importantes de atraso de projeto:

1. **Gestão Fraca:** uma das principais causas, sem dúvida, é a má gestão do projeto, causada por falta de experiência do gerente de projetos, ou mesmo, por incompetência. Para evitar isso, devemos buscar um gerente de projetos com a experiência adequada ao tamanho e importância do trabalho.
2. **Subestimação do tempo:** Não é raro subestimarmos o tempo previsto de um projeto. Há, inclusive, um conceito chamado "falácia do planejamento", que foi primeiro introduzido por Daniel Kahneman (Nobel de Economia em 2002) e Amos Tversky, em 1977, num artigo intitulado *Intuitive prediction: biases and*

GESTÃO DE PROJETOS

corrective procedures (Previsão intuitiva: vieses e procedimentos corretivos – em tradução livre), em que os autores afirmam que, por um viés otimista, temos a tendência de subestimar o tempo de um projeto (esse conceito foi incluído no livro de Daniel Kahneman, Rápido e Devagar: Duas Formas de Pensar, publicado em 2011). Mas, esse conceito corresponde, também, à Lei de Hofstadter, que aparece no livro *Gödel, Escher, Bach: An Eternal Golden Braid* do professor americano Douglas R. Hofstadter, publicado em 1979, e que diz: *"Leva sempre mais tempo do que o esperado, mesmo quando se leva em conta a lei de Hofstadter"*. Para evitar essa subestimação do tempo nos projetos, um dos cuidados que podemos tomar, além da consciência em si de que isto pode ocorrer, é o de levar em conta projetos semelhantes que já foram realizados.
3. **Alterações no Escopo**: as mudanças no escopo inicial do projeto, normalmente, impactam no seu cronograma e, por isso, podem causar atrasos. Portanto, devemos ter muito critério para analisá-las, e um procedimento robusto para autorizar esse tipo de alteração, levando-se em conta o tempo extra de projeto decorrente disso.
4. **Complexidade Não Prevista**: seja uma dificuldade não prevista na aquisição de algum item, seja a demora em obter alguma documentação legal, ou mesmo outros imprevistos do gênero, podem acarretar grandes delongas não esperadas inicialmente no projeto. Um bom planejamento, com apoio de gente experiente em cada função, pode diminuir o risco disso ocorrer.
5. **Erros de Projeto**: mesmo pequenos erros de projeto podem acarretar alterações em fornecedor que levem a demoras maiores na data final de um projeto. Mais uma vez, uma equipe competente e experiente pode reduzir a ocorrência desse tipo de problema.

GESTÃO DE PROJETOS

6. **Pressão por Prazo**: baseado na pressão corporativa, o projeto recebe, muitas vezes, datas que representam mais um desejo, do que uma realidade. Quantas vezes já vimos isso, não? Um diretor alucinado, que não conhece os meandros do projeto e que, por arrogância, despreparo ou autoritarismo, determina uma data para a finalização do projeto, que já nasce fadado ao fracasso.
7. **Mudança Estratégica**: de uma hora para outra, a Organização decide priorizar outro projeto, reduzindo a alocação de recursos, e causando atrasos. Sendo uma questão estratégica, não há muito o que se fazer.
8. **Falta de Suporte**: todo projeto, além da importante figura do gerente de projeto, deve ter também um patrocinador, ou seja, um profissional da alta direção que deve apoiar o projeto, de modo que os recursos sejam liberados na medida da necessidade; sem esse patrocinador, ou quando ele não atua adequadamente, podem ocorrer atrasos. Também não é raro acontecer que profissionais do time de projeto não se dediquem como esperado, ou que não ajam com o comprometimento necessário. Quando falta suporte, fatalmente, haverá atraso.
9. **Atrasos do Cliente**: em algumas situações em que se depende de informações do cliente, e este as atrasar, muito provavelmente, o seu projeto atrasará, também. Nesse caso é importante e justo que o cliente seja avisado que o seu atraso poderá implicar num atraso do projeto. Também pode ocorrer que, necessitando-se de produtos ou serviços de algum fornecedor, este atrase algum desenvolvimento ou entrega que impacte no projeto. Neste caso, deve-se fazer um acompanhamento muito próximo do fornecedor, para evitar surpresas.
10. **Imprevistos em Geral**: algumas situações são, realmente, difíceis de prever: a falência de um

fornecedor, a mudança de legislação, a demissão de componentes do time do projeto, acidente no transporte logístico, mudança de cenário, problemas financeiros, etc. são exemplos de imprevistos que podem impactar no tempo do projeto. Mas, tanto quanto possível, deve haver planos de contingências, e, mais uma vez, profissionais experientes e comprometidos podem lidar melhor com essas situações, para encontrar soluções o mais rápido possível.

Além dessas causas principais, existem, é claro, outras, como os desvio de recursos, má-fé e sabotagem, que atrasam e impactam, obviamente, qualquer projeto, mas que não vou tratar aqui; apenas direi que, quanto mais íntegro e robusto for o sistema organizacional, e quanto mais virtuosas e competentes forem as lideranças do projeto, menor será a probabilidade disso ocorrer.

Tendo em mente as possíveis causas de atraso de um projeto, pode-se (e deve-se) trabalhar proativamente na redução da probabilidade de sua ocorrência. Temos que pensar que quanto melhor for o planejamento na parte inicial do projeto, melhor ele seguirá depois. Há um ditado que diz: *"Se quer cortar a árvore na metade do tempo, passe o dobro do tempo afiando o machado"*. Eu diria ainda: *quanto melhor for a pontaria, mais certeira será a flechada!*

GESTÃO DE PROJETOS: COMPARATIVO ENTRE PMBOK E PRINCE 2

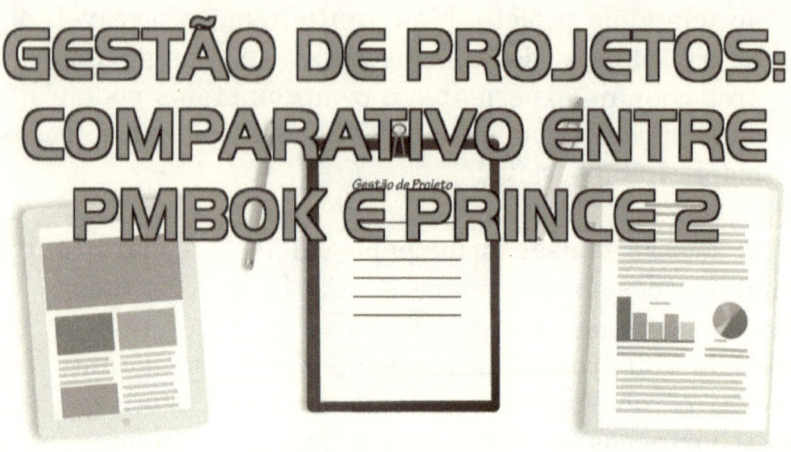

Cada vez mais a gestão de projetos tem se tornado uma importante ferramenta de desenvolvimento e, realizada adequadamente, pode gerar economia e ajudar a Organização a alcançar seus objetivos. Dois dos mais relevantes métodos de gestão de projetos são o PMBOK, e o PRINCE 2. Vejamos as principais características e diferenças entre um e outro.

PMBOK

PMBOK significa **Project Management Body of Knowledge**, e é uma metodologia criada e mantida pelo *Project Management Institute* (PMI), entidade americana criada em 1969. O primeiro guia do PMBOK foi publicado em 1996, e tem suas origens nos padrões de gestão de

GESTÃO DE PROJETOS

projetos das indústrias aeroespacial, de construção e defesa dos Estados Unidos. Entre suas características, podemos citar que é orientado ao processo, e é descritivo, ou seja, apresenta várias ferramentas e técnicas a serem utilizadas, mas não especifica quais informações devem ser registradas. Sua estrutura está dividida em 10 áreas de conhecimento (Integração, Escopo, Tempo, Custo, Qualidade, Recursos Humanos, Comunicações, Riscos, Aquisições, e Partes Interessadas), e 5 grupos de processos (Iniciação, Planejamento, Execução, Monitoramento & Controle, e Encerramento). O PMBOK define projeto como sendo o esforço temporário empreendido para gerar um produto ou serviço. Uma das mais marcantes diferenças entre o PMBOK e o PRINCE 2 está na responsabilidade do gerente de projetos, enquanto que, no segundo, o gerente de projetos está subordinado a um Conselho Diretor (ou Conselho do Projeto), no primeiro, é ele quem tem a responsabilidade maior sobre o projeto. As principais certificações realizadas pelo PMI são: PMP (Project Management Professional), e CAPM (Certified Associate in Project Management).

PRINCE 2

PRINCE 2 significa **Projects In Controlled Environments**, e é uma metodologia mantida pela Axelos, uma joint venture criada pelo governo do Reino Unido e a empresa de tecnologia Capita. Essa metodologia vem de um padrão desenvolvido pela empresa *Simpact Systems Limited*, chamado PROMPT (*Project Resource Organisation Management Planning Technique*). PROMPT era uma

GESTÃO DE PROJETOS

metodologia de gestão de projetos para a área de Tecnologia da Informação, e foi desenvolvido para atender a uma demanda do governo do Reino Unido. O primeiro manual do PRINCE 2 foi publicado em 1996. Entre as suas características podemos citar que é orientado ao produto, e que é prescritivo, ou seja, além de apresentar várias ferramentas e técnicas a serem utilizadas, especifica quais informações devem ser registradas. Sua estrutura compreende 7 Princípios (Justificativa contínua do negócio, Aprender com a experiência, Papéis e responsabilidades definidos, Gerenciamento por estágios, Gerenciamento por exceção, Foco no produto, Adequação ao ambiente do projeto), 7 Temas (Business Case, Organização, Qualidade, Planos, Risco, Mudança, Progresso), e 7 Processos (Start Up, Direcionamento, Iniciação, Gestão dos limites dos estágios, Controle dos estágios, Gestão da entrega do produto, Fechamento). A definição que é dada para projeto é a seguinte: um projeto é uma organização temporária criada com o propósito de entregar um ou mais produtos de negócios. O Conselho Diretor detém a responsabilidade maior sobre o projeto (está acima do gerente de projeto). As principais certificações da Axelos são: PRINCE 2 Foundation, e PRINCE 2 Practitioner.

GESTÃO DE PROJETOS

COMPARATIVO ENTRE METODOLOGIAS DE GESTÃO DE PROJETOS

	PMBOK	PRINCE 2
SIGNIFICADO	Project Management Body of Knowledge	PRojects IN Controlled Environments
ORGANIZAÇÃO CONTROLADORA	Project Management Institute (pmi.org) - Um Organização sem fins lucrativos criada em 1969.	AXELOS (axelos.com) - Uma join venture criada em 2013 pelo Gabinete do Governo do Reino Unido e pela empresa de tecnologia Capita.
NACIONALIDADE	Americana	Inglesa
ORIGENS	O primeiro guia do PMBOK foi publicado em 1996, e tem sua origem nos padrões de gestão de projetos das industrias aeroespacial, de contrução e defesa dos Estados Unidos.	O primeiro manual do PRINCE 2 foi publicado em 1996, mas tem sua origem nos padrões de gestão de projetos da Agência Central de Computação e Telecomunicações do Reino Unido, estabelecidos uma década antes.
CARACTERÍSTICAS	DESCRITIVO - Apresenta várias ferramentas e técnicas a serem utilizadas, mas não especifica quais informações devem ser registradas	PRESCRITIVO - Apresenta várias ferramentas e técnicas a serem utilizadas, e especifica quais informações devem ser registradas e quem é responsável por fazê-lo.
	Orientado ao Processo	Orientado ao Produto
ESTRUTURA	**10 Áreas do Conhecimento** - Integração, Escopo, Tempo, Custo, Qualidade, Recursos Humanos, Comunicações, Riscos, Aquisições, Partes Interessadas **5 Grupos de Processos** - Iniciação, Planejamento, Execução, Monitoramento e Controle, Encerramento	**7 Princípios** - Justificativa continua do negócio, Aprender com a experiência, Papéis e responsabilidades definidos, Gerenciamento por estágios, Gerenciamento por exceção, Foco no produto, Adequação ao ambiente do projeto **7 Temas** - Business Case, Organização, Qualidade, Planos, Risco, Mudança, Progresso **7 Processos** - Start Up, Direcionamento, Iniciação, Gestão dos limites dos estágios, Controle dos estágios, Gestão da entrega do produto, Fechamento
DEFINIÇÃO DE PROJETO	Um projeto é um esforço temporário empreendido para gerar um produto, serviço ou resultado exclusivo.	Um projeto é uma organização temporária criada com o propósito de entregar um ou mais produtos de negócios.
RESPONSABILIDADE DO PROJETO	Gerente de Projeto	Conselho Diretor (acima do Gerente de Projeto)
PRINCIPAIS CERTIFICAÇÕES	PMP - Project Management Professional / CAPM - Certified Associate in Project Management	PRINCE 2 Practitioner / PRINCE 2 Foundation
REFERÊNCIA	5ª Edição (2013)	6ª Edição (2017)

COPYRIGHT @ FALANDO DE GESTÃO - RODRIGO VARGAS

GESTÃO DE PROJETOS

Baseado nas características básicas de cada processo, considerando o PMBOK e o PRINCE 2, podemos fazer um gráfico comparativo, veja-o a seguir.

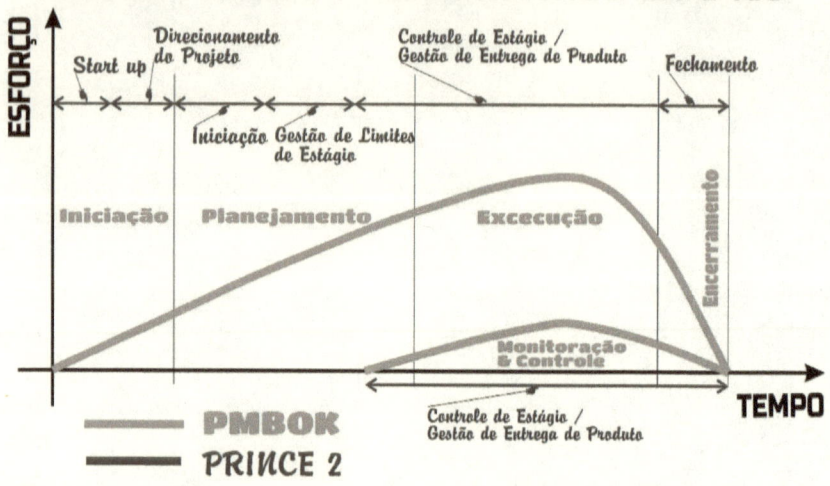

Não há fórmula mágica para a gestão de projetos, as metodologias podem ajudar, no entanto, é preciso entender que há um custo de tempo e dinheiro na preparação de bons profissionais para serem capazes de seguir essas metodologias e, acima de tudo, nada substitui o comprometimento dos colaboradores na busca de resultados. Outro ponto que se deve ponderar é o tamanho da Organização, e a complexidade do projeto, em relação à adoção, ou não, de uma das metodologias. Cabe também comentar que existem outras metodologias que podem ser mais adequadas às necessidades em questão, como por exemplo: o Seis Sigma, que é uma metodologia de gestão de projetos visando a melhoria de processos, ou o APQP,

GESTÃO DE PROJETOS

que é uma metodologia específica de gestão de projetos de produtos novos ou modificados, na indústria automotiva.

GESTÃO DE PROJETOS – UMA ABORDAGEM SIMPLIFICADA, MAS EFICIENTE!

Tenho percebido, nos últimos anos, muitos profissionais fugirem da gestão de projetos, como o diabo foge da cruz. Se de um lado existem cada vez mais profissionais certificados (PMBOK ou PRINCE 2); de outro, muitos dos profissionais não certificados sentem-se incapacitados. É preciso esclarecer: um profissional certificado tem um preparo respeitável sobre gestão de projetos, porém, aquele que não é certificado, não necessariamente é incapaz de realizar e gerir bons projetos. Pois, para a grande maioria dos projetos em uma Organização, basta que se use o básico de gestão para poder levá-los a cabo (e com sucesso). Projetos como a instalação da nova linha de montagem, instalação do novo equipamento de produção, alteração do

GESTÃO DE PROJETOS

layout do refeitório, instalação da nova cabine de pintura, criação da biblioteca, podem ser executados por qualquer profissional que tenha a competência básica em gestão de projetos. Esses exemplos que citei, são todos casos reais de projetos (bem-sucedidos) que foram executados por profissionais não certificados, mas com a competência básica de gestão de projetos.

Não estou, que fique claro, fazendo apologia da não-certificação, pois eu mesmo já fui certificado como Auditor Líder ISO 9001, Lean Six Sigma Black Belt, e Practitioner em Neurolinguística, mas quero apenas ressaltar que, pela minha experiência, mais de 80% dos projetos dentro de uma Organização podem ser realizados baseados na estrutura básica de gestão de projetos. É claro que, o projeto de um novo veículo, ou o lançamento de um satélite de comunicação podem exigir um preparo maior, mas, repito, isso não representa o caso geral de uma Organização de padrões médios.

As Fases do Projeto

São, basicamente, 4 as fases de um projeto: **conceito**, **planejamento**, **execução**, e **encerramento**; sendo que, paralelamente às fases de execução e encerramento, ocorre o ciclo de **controle e comunicação**.

1. **Conceito**: é a fase onde se discutem as necessidades existentes e as possíveis soluções, de onde surgem as ideias prevalentes. Nessa fase são definidos os objetivos do projeto.

GESTÃO DE PROJETOS

2. **Planejamento**: é a fase onde as ideias são transformadas em atividades. Nessa fase são definidos os recursos necessários (pessoal e financeiro), as responsabilidades de cada um, os prazos, e os riscos mais significativos (como falta de pessoal, interrupção de fluxo financeiro, possíveis eventos externos de impacto, atividades-chave não executadas no prazo, etc.). Essa é a fase onde o projeto toma corpo, com a definição do time do projeto, e a elaboração do cronograma das atividades. No cronograma, devem ser claramente indicadas as pessoas que serão apoiadoras (aquelas que patrocinam a atividade ou exercem influência positiva), as que darão suporte eventual (especialistas em alguma área), e os que serão colaboradores-chave (dedicados de modo integral ou especial à sua realização).
3. **Execução**: é a fase onde as tarefas são transformadas em ações, e onde a atenção ao cronograma deve ser incessante. Por isso, paralelamente, a essa fase, inicia-se o ciclo de controle e comunicação. O controle tem a função de garantir que o cronograma seja seguido, e a comunicação tem a função de fazer com que todas as pessoas envolvidas (de dentro e de fora do projeto) sejam comunicadas sobre o andamento do projeto e, ao mesmo tempo, tem a finalidade de engrenar o time para que trabalhe afinado, corrigindo o rumo quando necessário.
4. **Encerramento**: é a fase final, tem a função de fazer os registros devidos em relação ao projeto (erros e acertos), bem como apresentar a documentação necessária, como por exemplo, instruções de trabalho, manuais, etc.

GESTÃO DE PROJETOS

Além disso, deve-se formalizar o encerramento do projeto, com o registro do atingimento dos objetivos propostos inicialmente, aprovado por quem de direito (apoiadores, clientes, etc.).

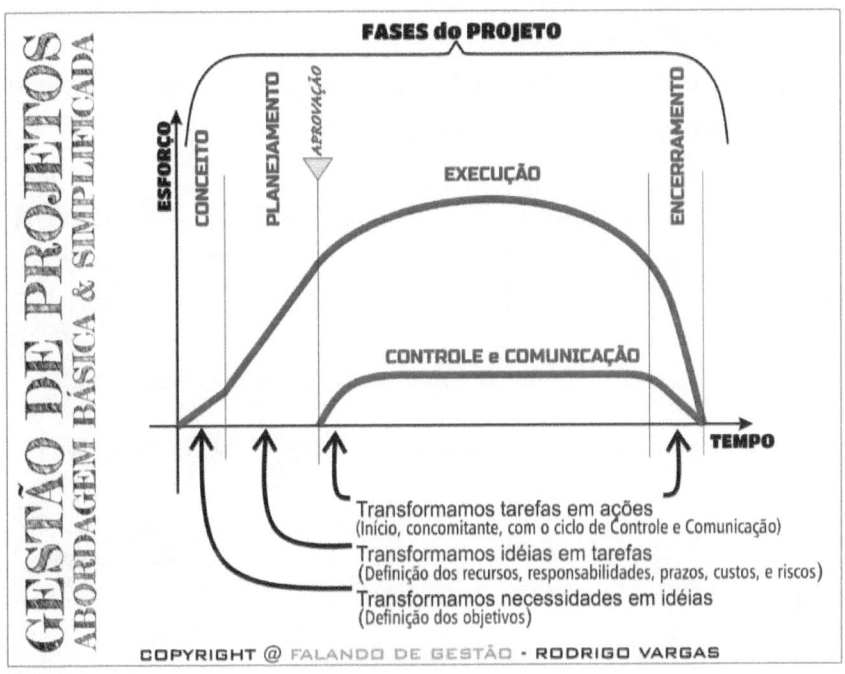

Controle do Projeto

As informações mais importantes do projeto (atividades, subatividades, responsáveis, apoiadores, suporte, colaboradores-chave, custos, riscos, datas, situação das atividades, etc.) precisam estar condensadas e disponíveis a todos os envolvidos no projeto, e precisam, também, estar sempre atualizadas. Quem faz isso é o gerente do projeto. Uma forma simples, e que pode servir para a grande maioria das situações, é a utilização de planilha eletrônica

GESTÃO DE PROJETOS

(consulte a página de Downloads Gratuitos, no GestaoIndustrial.com, para ver um exemplo). A vantagem de usar uma simples planilha eletrônica é que ela é conhecida pela maior parte dos profissionais, além de ser disponível gratuitamente através de projetos de software livre, como o LibreOffice. A desvantagem é que ela é limitada em suas funções, se comparada aos softwares mais específicos de gestão de projetos.

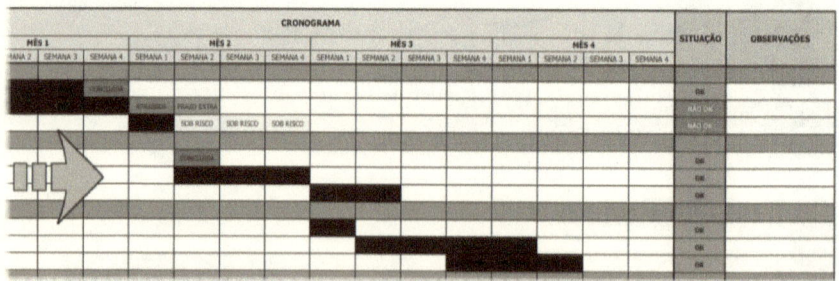

Meu objetivo, aqui, é democratizar a gestão de projetos, mostrar que um profissional com a competência básica de gestão de projetos não precisa ser, necessariamente, certificado para poder fazer uma boa gestão de projetos, considerando-se os projetos de pequeno e médio porte da maioria das Organizações. O objetivo, também, é o de

GESTÃO DE PROJETOS

incentivar que os profissionais busquem se capacitar nessa competência básica de gestão de projetos e desafiem-se, assumam mais responsabilidades na Organização, buscando crescimento profissional e autodesenvolvimento, além, é claro, de contribuir para a prosperidade da Organização.

GESTÃO DE PROJETOS

LIDERANÇA

COMO CONSTRUIR UM TIME VENCEDOR?

Esta é provavelmente uma das maiores indagações no mundo corporativo, dentro da área de liderança. Eu conheci dezenas de bons líderes, mas também, tantos outros ruins. Alguns não eram apenas líderes ruins, eram péssimos, e muitos deles, provavelmente, se achavam bons (Efeito Dunning-Kruger). Se você quer saber quão bom um líder é, basta ver o seu time.

Eu acredito que há alguns princípios a seguir quando você quer criar uma equipe vencedora. Você precisa cultivar alguns comportamentos-chave dentro da equipe, e que podem levá-lo a excelentes resultados com seu time. Eu chamo esses 10 comportamentos-chave como sendo o "Círculo Virtuoso do Time Vencedor". Vamos vê-los, a seguir, em detalhes.

LIDERANÇA

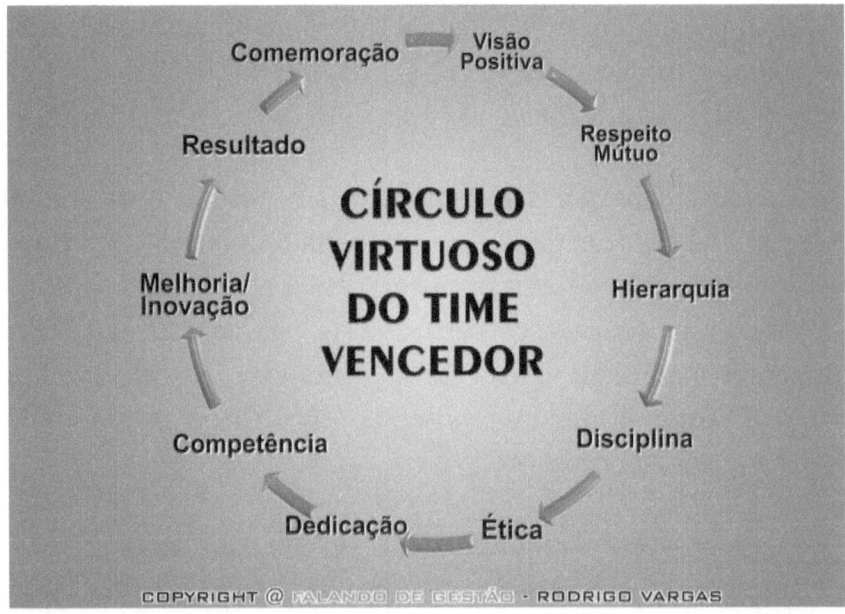

Visão positiva (comportamento de quem cultiva o pensamento positivo) – Não aceite um membro da equipe que não tenha confiança no futuro. Atente ao fato de que confiar no futuro não significa ser um cara bobo, que não está preparado para a adversidade, e que pensa que nada pode dar errado, ao contrário, é sempre importante estabelecer planos de contingência em situações importantes, caso algo dê errado. Confiar no futuro quer dizer trabalhar duro para criar o futuro que se deseja, acreditando que se está no caminho certo.

Respeito mútuo (comportamento respeitoso entre liderança e liderado, e entre todos os liderados) – Nem pense em tolerar o desrespeito em sua equipe, é como um cancro, uma infecção que pode contaminar todos. O mesmo respeito que as pessoas têm com o líder é o respeito que o

LIDERANÇA

líder deve ter com a equipe, e é o mesmo respeito que cada um da equipe deve ter entre si. Lembre-se bem disso: não tolere falta de respeito!

Hierarquia (comportamento de quem respeita os vários níveis de autoridade e responsabilidade) – Para possibilitar que as coisas aconteçam de acordo, a equipe deve ser um sistema estruturado de pessoas, organizadas por responsabilidades. De certa forma, como ocorre em um time de futebol, em que existe a diretoria, o treinador, o capitão, os jogadores, etc.

Disciplina (comportamento de quem é determinado, organizado e persistente) – Não há bom trabalho, sem disciplina. A disciplina torna a equipe melhor, a disciplina torna a equipe mais forte, e a disciplina torna o trabalho mais fácil. É como diz a letra da música "Há Tempos", de Renato Russo: "*Disciplina é liberdade*".

Ética (comportamento de quem age com moral exemplar) – Os princípios morais e a ética são obrigatórios. A falta de ética em sua equipe é como uma bomba relógio, em algum momento vai causar estrago. Livre-se das pessoas que não vivem os valores morais no dia a dia, você não precisa delas.

Dedicação (comportamento de quem cuida do seu trabalho e zela pela Organização) – Você, como líder, precisa de pessoas dedicadas e comprometidas com trabalho. Pessoas comprometidas podem salvar uma vida, pessoas comprometidas podem evitar um incêndio, pessoas

LIDERANÇA

comprometidas podem impedir perdas e prejuízos, pessoas comprometidas conseguem resultados!

Competência (comportamento de quem busca realizar as tarefas e atividades com competência) – Cada membro da sua equipe deve ter a competência necessária, se não, treine-o e avalie-o. Se ele adquiriu a competência, felicite-o, se não, tente entender o porquê. Às vezes, o problema é o treinamento, às vezes o problema é a pessoa, ele pode estar no trabalho errado. Nesse caso, substitua-o por alguém com as competências adequadas.

Melhoria/Inovação (comportamento de quem busca o aperfeiçoamento constante) – Todos os membros da equipe devem buscar continuamente melhorar procedimentos, processos e resultados. Por isso, planejar as ações, e executá-las com virtude, é fundamental, além, é claro, de monitorar e controlar os resultados. Outro aspecto que leva à melhoria continua, é o aprendizado com os erros cometidos. Não devemos ter medo de errar, mas devemos nos preparar para minimizar os riscos de erro; e se houver o erro, devemos entender o porquê dele ter ocorrido, para que não se repita.

Resultado (comportamento de quem foca no atingimento dos objetivos e metas estabelecidas) – No final das contas, é o resultados que mantém o negócio, portanto, todos na equipe devem ter bem claro os objetivos, para que possam manter o foco no atingimento dos resultados.

LIDERANÇA

Comemoração (comportamento de quem aprecia celebrar as conquistas) – Você pode imaginar um jogador de futebol não comemorar após marcar um gol? Estranho, não é? Então, comemore com sua equipe todas as conquistas significativas. Isso é importante para manter vivo o círculo virtuoso da equipe vencedora!

Construa o seu time considerando esses comportamentos-chave, tendo a certeza de fazer com que todos os conheçam, os entendam, e os vivenciem, e veja você mesmo o resultado!

LIDERANÇA

COMO LIDERAR REUNIÕES EFICAZMENTE?

Certamente, ocupando um cargo de gestão, você terá que enfrentar a tarefa de liderar reuniões, mas, mesmo que não esteja exercendo um cargo de gestão, ainda assim, muito provavelmente e em algum momento, terá que liderar algum tipo de reunião.

As reuniões são importantes momentos de decisão, informação, planejamento, avaliação, monitoramento, ou ainda, brainstorming, no entanto, se malconduzidas podem se tornar, além de verdadeiros fracassos, grandes desperdiçadoras de tempo. Eu penso que, por baixo, na minha carreira em gestão na indústria eu já liderei mais de mil reuniões, e posso dizer que existem alguns pontos fundamentais a cuidar para que você possa liderar bem

LIDERANÇA

uma reunião e chegar ao seu objetivo. Veja, a seguir, esses pontos:

1. **Comece no horário!** Lembre-se de que, por padrão, sua reunião deve começar exatamente no horário. Acostume-se a isso, e seus colegas saberão que você é pontual e isso evita o círculo vicioso da demora: "alguém atrasa porque sabe que os outros atrasam, e aí, a maioria atrasa". Em condições em que o atraso de alguém está impedindo o início da reunião, explique a todos o fato, tente entrar em contato com a pessoa e estabeleça uma limite de tempo; se você perceber que o atraso será muito superior a 10 minutos, peça desculpas a todos e prefira reprogramar outro horário. Em reuniões onde a presença de alguém era fundamental (um diretor, por ex.), eu costumava lembrar o profissional sobre a reunião e confirmar que tudo estava certo para sua presença. E se realmente houvesse algum atraso, eu costumava falar com a pessoa e pedir uma colaboração especial para manter as reuniões sempre no horário.
2. **Lembre todos sobre o propósito da reunião!** No início da reunião (e quando necessário), recorde a todos o propósito da reunião, ou seja, a agenda, os objetivos, e o tempo para a conclusão; e qualquer outra informação relevante e apropriada para demonstrar a importância de obter a participação e colaboração de todos os participantes.
3. **Acompanhe o tempo, a agenda e os objetivos!** Você já lembrou todos sobre a agenda, os objetivos, e o

LIDERANÇA

tempo, portanto, a partir do início da reunião o tempo está correndo, e você é o maestro que dará o ritmo adequado à reunião. Uma das coisas mais fáceis em uma reunião é se perder no tempo. Isso ocorre por várias razões, entre elas: porque há pessoas que falam muito, ou porque sempre há pessoas que começam a se desviar do assunto, e, também, porque algumas pessoas querem entrar em um nível de profundidade inútil. Incentive quem é quieto a falar, e procure educadamente, mas com firmeza, encurtar o discurso dos prolixos lembrando o fato de que precisamos ser objetivos e ouvir todos, respeitando o tempo estabelecido para a reunião. Em situações onde, realmente, não haverá tempo (isso deve ser exceção) para terminar a discussão, ou porque houve questões novas e pertinentes, ou porque você avaliou mal o tempo, existem duas alternativas: a primeira é propor uma extensão de tempo (caso não seja superior a 50% do tempo inicialmente programado), e a segundo é terminar no horário programado e deixar combinado com os participantes o novo encontro. Isso serve para educar e disciplinar os participantes, para que, em novos encontros, todos cooperem mais. Lembre-se de que, nas reuniões em que você está liderando, o que será discutido ou não é sua prerrogativa. Você é quem decide a pauta! Não permita que outros usem sua reunião para discutir o novo layout do escritório, as novas regras para o campeonato de futebol ou a qualidade da refeição servida na empresa, ou qualquer outro assunto fora do escopo dado por você.

LIDERANÇA

Se apropriado, organize outra reunião para discutir o novo assunto (caso o assunto seja de sua responsabilidade, é claro).

4. **Mantenha a disciplina!** Disciplina é um fator chave para o sucesso de uma reunião, por isso mantenha o respeito, a disciplina e evite interrupções externas, como chamadas telefônicas ou mensagens. Permita a todos expressarem suas opiniões. Não permita a monopolização de ninguém, e nem uma atitude não profissional de quem quer que seja.

5. **Obtenha uma decisão dos participantes!** Quando as decisões devem ser tomadas, geralmente há duas opções: uma decisão de consenso (ao buscar a convergência de todos para um denominador comum) ou por votação. Procurar consenso, em algumas situações, pode consumir um tempo considerável; portanto, considere o custo/benefício de um ou outro método de decisão.

6. **Estabeleça ações claras e os responsáveis!** Se, durante a reunião, foram discutidas ações específicas, tenha certeza de deixar claro de quem são as responsabilidades e quais são os prazos.

7. **Prepare a ata de reunião!** Se não for possível durante a reunião, em até 24 horas, prepare a ata de reunião. Se possível, pegue as assinaturas dos participantes da reunião na ata original (isso tem um efeito incrível!).

8. **Distribua a ata da reunião!** Distribua a ata de reunião a todos os envolvidos e interessados no tema e nos resultados da reunião, não apenas para os participantes da reunião.

LIDERANÇA

9. **Acompanhe as ações e decisões!** Faça o acompanhamento, sempre que necessário, para assegurar que as ações e decisões tomadas na reunião estejam sendo devidamente cumpridas.

Fazendo isso, você provavelmente estará entregando muito mais resultados, aproveitando mais a reunião, economizando o seu tempo e o dos outros, além de ser reconhecido como um líder efetivo.

LIDERANÇA

CORTE O MAL PELA RAIZ!

"Poxa! Por que eu não fiz isso na hora certa?"

Esse pensamento, provavelmente, já deve ter lhe ocorrido algum dia, por ter deixado de tomar alguma ação que deveria ter tomado! Bem, a parte boa é que esse tipo de situação sempre nos ensina lições inestimáveis. Normalmente, se você pensa que deve tomar alguma ação, é porque, provavelmente, deve fazê-lo. Em gestão, podemos enfrentar esse tipo de situação todos os dias. Então, preste atenção na sua intuição, e não perca o tempo certo para fazer a coisa certa!

Uma história útil

Veja o seguinte caso que aconteceu em uma determinada empresa: vou contar a história de um gerente que foi

LIDERANÇA

contratado para reestruturar uma área importante da empresa. Seu chefe disse a ele que queria ver transparência na área, fazer com que os colaboradores seguissem os procedimentos, impedindo o mau comportamento dos membros da equipe. Isto posto, o gerente começou a revisar todos os procedimentos do departamento, disciplinando comportamentos, melhorando a eficiência dos processos, e tornando o departamento mais transparente no cumprimento de suas obrigações e no uso de seu orçamento.

Uma das responsabilidades do gestor era aprovar (assinar) todos os relatórios de despesas de viagem de sua equipe (e eram muitas viagens). Mas, para fazer isso de modo efetivo, ele costumava revisar os itens e até refazer as contas dos gastos. Neste relatório, as pessoas listavam as despesas que tiveram, e os respectivos reembolsos a que tinham direito. Um dia, um membro de sua equipe trouxe um relatório de viagem com três recibos para apenas um jantar (no mesmo dia!), sendo que eram de dois restaurantes diferentes. Obviamente, o gerente chamou o colaborador e perguntou-lhe por que três recibos para apenas um jantar, já que a empresa não pagava refeições para convidados, apenas para o empregado. O sujeito disse, então, que deveria ter sido algum erro. O colaborador pediu o relatório de volta para que ele pudesse fazer as correções. No dia seguinte, ele trouxe o relatório com apenas um recibo para o referido jantar, ou seja, solicitando o reembolso de apenas um daqueles três recibos. Esse mesmo membro da equipe estava acostumado

LIDERANÇA

a não seguir vários dos processos da área, então, imagine que o desafio desse gerente não era pequeno.

Um dia, enquanto esse gerente almoçava com seu chefe, comentou sobre esse membro da equipe, e de seu mau comportamento. Seu chefe disse prontamente: Não perca tempo, demita-o! Mas o gerente não fez isso, disse ao seu chefe que ele estava tentando mudar o comportamento das pessoas, e queria dar mais tempo a esse colaborador. Muito bem, algum tempo depois, esse membro da equipe começou a conspirar contra o gerente, e as dificuldades para ele, que já não eram pequenas, cresceram ainda mais, principalmente depois que seu chefe deixou a empresa para assumir um novo trabalho em outra empresa. Mas, antes do chefe sair, ele aconselhou esse gerente a manter-se alerta sobre as intrigas que o envolviam.

Em resumo, o que ocorreu na sequência foi que um novo chefe assumiu a posição e dois meses depois ele produziu uma avaliação de desempenho completamente falsa e depreciativa desse gerente (mesmo que esse gerente fosse considerado muito bom pelo seu ex-chefe), que foi moldada para justificar a sua demissão, que ocorreu no mesmo dia da dissimulada avaliação. Então, o novo chefe colocou um "amigo" na posição que esse gerente ocupava. Vê-se, claramente, que as intrigas feitas pelos maus colaboradores serviram perfeitamente aos interesses espúrios da nova chefia.

LIDERANÇA

Moral da história

A moral da história é: não mantenha pessoas de mau-caráter em sua equipe! Pessoas de mau-caráter podem fazer alianças com outras pessoas de mau-caráter, e dar mais força ainda ao prejuízo e estragos que causam dentro de uma Organização!

Como eu sei sobre tantos detalhes desta história? Porque esse gerente era eu. Então, faça a coisa certa, no momento certo! Corte o mal pela raiz!

4 Razões para Você Banir um Mau-caráter da sua Organização

Problemas Legais – Um mau-caráter pode facilmente encrencar a sua Organização, participando de negociatas, corrompendo, ou sendo corrompido, e passando pela ética e pela legislação com desenvoltura, sem se preocupar com as consequências. Um mau-caráter na Organização é como uma bomba relógio, armada para explodir.

Moral Organizacional Baixo – Ninguém é cego dentro da empresa, as pessoas veem a atitude dos outros, observam seu comportamento, e um mau-caráter espalha sempre maus exemplos. Atitudes ruins quando são toleradas dentro de uma Organização, simplesmente deterioram o moral, impactando negativamente nos outros. Uma Organização que quer atingir bons resultados, precisa de energia, precisa de moral elevado.

LIDERANÇA

Pessoas Tóxicas – Da mesma forma que o mau-caráter contribui para o moral baixo nas pessoas de bem, ele age como um estímulo aos outros maus-caracteres, podendo ser um formador de pessoas tóxicas (que são aquelas que humilham, ridicularizam, ofendem, perturbam, desrespeitam, ou incomodam outras pessoas no local de trabalho) que vão, onde agirem, reduzir a eficiência e a atenção das pessoas.

Não Atingimento de Resultados – Todos os itens anteriores afetam e impactam nos resultados da Organização, principalmente se o mau-caráter estiver ocupando um cargo de gestão. No final das contas, todas as más influências vão se somando, desestimulando os colaboradores, derrubando os esforços da Organização, e destruindo a Cultura da Organização.

Limpe a sua Organização, faça uma faxina moral, e estabeleça como alicerce da Cultura Organizacional os valores morais. Corte o mal pela raiz!

LIDERANÇA

O EFEITO PIGMALIÃO E O TRABALHO

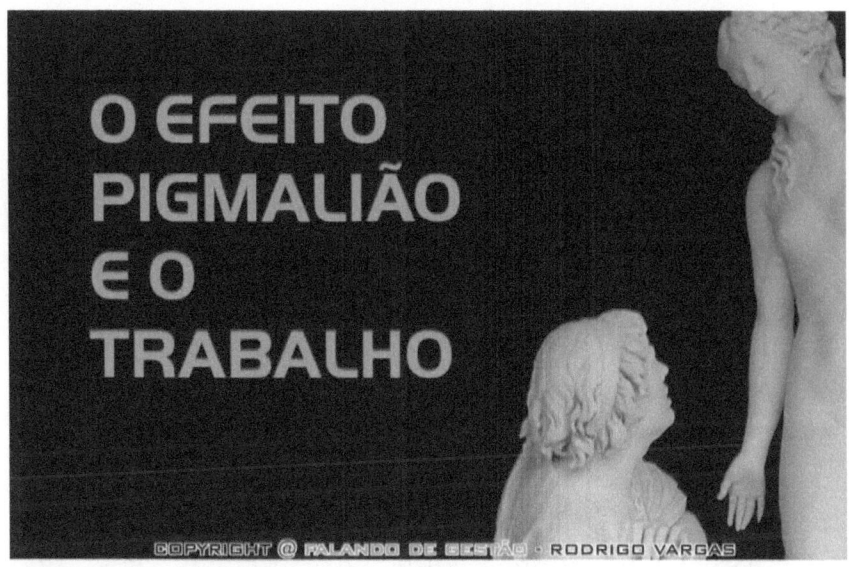

Pigmalião (ou Pigmaleão) é um personagem de um dos livros da obra de mitologia Metamorfoses, do poeta da Roma antiga, Ovídio. Pigmalião era um rei de Chipre e escultor, e, desapontado com as mulheres, havia decidido ser celibatário. Porém, após ter esculpido uma estátua de uma mulher que considerava ideal, acabou por apaixonar-se por ela, desejando que ela tivesse vida. A deusa Afrodite, então, atendeu ao seu pedido. Na figura anterior, pode-se ver a obra do artista francês, Étienne Maurice Falconet, retratando Pigmalião e a estátua.

O efeito Pigmalião é o fenômeno em que, uma maior expectativa em relação ao desempenho de alguém, leva-o, efetivamente, a um melhor desempenho.

LIDERANÇA

O efeito Pigmalião é resultado de um famoso experimento conduzido, em 1963, pelo professor e psicólogo de Harvard, Robert Rosenthal, e pela diretora de uma escola de ensino fundamental de São Franciso, Lenore Jacobson. O estudo começou com um discreto teste de QI em todos os alunos da escola, porém, os resultados não foram informados aos professores, nem aos alunos. Aleatoriamente, foram escolhidos nomes de cerca de 20% dos alunos da escola, e foi dito aos professores que esses alunos eram brilhantes, e que, muito provavelmente, teriam resultados significativos, e muito acima da média, naquele ano. Novamente, ao final do estudo, os pesquisadores testaram todos os alunos com o mesmo teste de QI utilizado no início. Os alunos, em geral, apresentaram uma melhora no QI, porém, os alunos ditos excepcionais aos seus professores (ainda que a escolha tenha sido aleatória) apresentaram ganhos estatisticamente superiores. Isso levou à conclusão de que as expectativas dos professores em relação ao desempenho de determinados alunos, puderam, efetivamente, influenciar esses alunos a ponto de melhorar seu desempenho.

Daí, em alusão à Pigmalião, que tanto desejou que sua estátua se tornasse viva, até que ela se transformou em mulher, deu-se o nome de Efeito Pigmalião, ao fato dos alunos melhorarem seu desempenho, influenciados pelo crença dos professores, de que eles eram brilhantes.

LIDERANÇA

Um estudo chamado O Poder do Efeito Pigmalião (*The Power of the Pygmalion Effect*), conduzido por Ulrich Boser (associado sênior do Centro Americano para o Progresso), Megan Wilhelm (estudante de graduação em sociologia na Universidade de Maryland), e Robert Hanna (analista sênior do Centro Americano para o Progresso), publicado em 2014, também concluiu que maiores expectativas dos professores, favoreceram o sucesso dos alunos.

O Efeito Pigmalião no Ambiente de Trabalho

Se o efeito Pigmalião funciona no ambiente escolar, pode-se supor que funcione em outros ambientes, inclusive, o ambiente de trabalho. De fato, em seu artigo Pigmalião em Gestão (*Pigmalion in Management*), publicado na Harvard Business Review, em 2003, o consultor americano de gestão, J. Sterling Livingston, relata, entre outros, o caso

LIDERANÇA

em que ele estudou a eficácia dos gerentes de agências bancárias do Banco West Coast, com mais de 500 filiais. Os gerentes que tiveram sua autoridade de empréstimo reduzida por causa das altas taxas de perda, tornaram-se, progressivamente, menos eficazes. Para evitar mais perda de autoridade, eles começaram a fazer apenas empréstimos "seguros". Essa ação resultou em perdas de negócios para bancos concorrentes, e um declínio relativo em depósitos e lucros em suas agências. Assim, em resposta às baixas expectativas de seus supervisores, que haviam reduzido sua autoridade creditícia, eles se comportaram de uma maneira que levou a maiores perdas de crédito, e as expectativas de seus supervisores se tornaram profecias autorrealizáveis.

O guru das relações humanas, Dale Carnegie, escreveu no seu livro *Como Fazer Amigos e Influenciar Pessoas, best seller* que já vendeu mais de 15 milhões de cópias, que, um dos princípios para se tornar um bom líder é atribuir uma boa reputação a outra pessoa, para que ela se interesse em mantê-la.

Portanto, trate as pessoas da maneira como você gostaria que elas se comportassem, estimule-as, demonstre apoiar e acreditar (realmente) na competência delas. Fazendo uma analogia com um saltador, aumente a altura do sarrafo, para desafiar a pessoas a alcançar uma marca superior, e atingir objetivos maiores, mas, tenha o cuidado de não colocar o sarrafo muito acima da marca atual da pessoa, pois isso pode ter um efeito contrário, desestimulando e frustrando. O estímulo deve ser sempre dentro da

LIDERANÇA

razoabilidade, e, assim, os bons resultados podem aparecer!

LIDERANÇA

OS 4 MAIORES ERROS DE UM CEO!

Trabalhei mais de 17 anos em ambiente industrial, 13 somente como gerente. Esta experiência me deu uma visão muito boa, principalmente considerando uma perspectiva de gestão. Eu pude perceber abordagens que funcionam, e comportamentos ruins, pude reconhecer os bons hábitos, e as práticas ruins. A seguir, descrevo aquilo que considero o 4 maiores erros que um CEO industrial deve evitar, ao lidar com a sua equipe de gerenciamento.

Erro # 1 – Dar muita responsabilidade, mas pouca autoridade

Este é um erro perverso, e significa não equilibrar as responsabilidades atribuídas ao gerente com a autoridade a ele delegada. Por exemplo, imagine a tarefa de estruturar uma área inteira da Empresa, mas quando é

LIDERANÇA

necessário demitir ou contratar alguém, o gerente deve obter o acordo do Departamento de Recursos Humanos, ou mesmo do próprio CEO. Eu costumo dizer, o gerente sabe melhor que ninguém, onde lhe aperta o sapato. Se o CEO não confiar no gerente para ele escolher pessoas para trabalhar em sua área, melhor demitir, então, o gerente. Embora eu entenda que podemos, em alguns casos, tirar proveito de compartilhar o processo de demissão ou contratação, não há dúvidas de que a última palavra é do gerente responsável por sua equipe. Outro exemplo, se o CEO pediu ao gerente para melhorar a produtividade, esse gerente deve ter seu próprio orçamento, seja para aprovar a compra de novos equipamentos, ou a contratação de novos serviços, é uma decisão do gerente. E, novamente, se você, como CEO, não confia no gerente para lidar com um orçamento aprovado, demita-o. Se existe um gerente que é incompetente, é este que deve ser desligado, e o mais rápido possível, mas não trate a todos da equipe gerencial como incompetentes. Portanto, a autoridade deve ser dada na medida da responsabilidade do cargo, e todas as suas atribuições!

LIDERANÇA

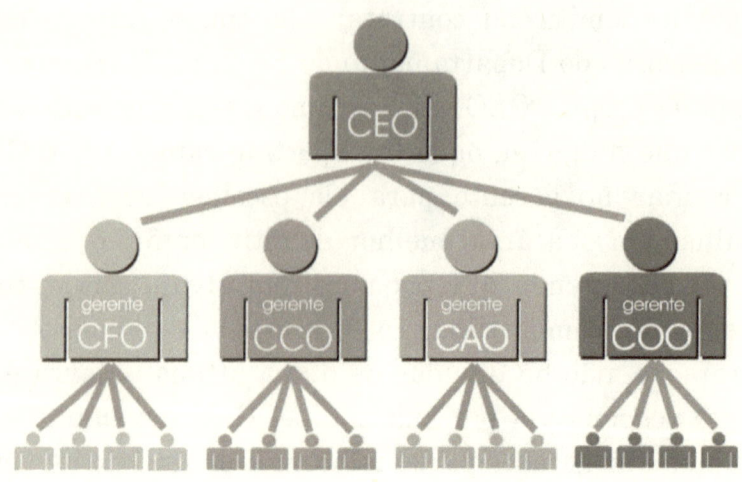

Erro # 2 – Alta demanda, mas baixo suporte

Não é raro ver um gerente ser exigido para reduzir custos, aumentar produtividade, melhor o ambiente, reduzir prazos de entrega, e assim por diante. Porém, o CEO nunca está presente para discutir estratégias, concordar algumas ações de âmbito Organizacional, analisar dificuldades que envolvem outros gerentes, enfim, concordar ações que requerem um nível de autoridade superior. Imagine que o CEO pediu ao gerente para iniciar algum projeto importante, mas esse CEO não vai sequer à reunião inicial para demonstrar suporte ao projeto. É claro que os gerentes devem saber trabalhar de forma independente, mas algum (mínimo) apoio por parte do CEO é realmente importante, principalmente em projetos que envolvem mudança, porém, infelizmente, alguns CEO's parecem estar sempre fora do circuito, até que eles aparecem e exigem o trabalho feito! Se você é CEO, tenha

LIDERANÇA

certeza de dar o devido apoio ao time gerencial, e não haja como se fosse um visitante na área.

Erro # 3 – Intransigência

Não é porque você é CEO, que pode deixar de usar o bom senso e a razoabilidade. Não é porque você é CEO, que pode exigir coisas absurdas, apenas porque você quer provar o seu poder. A intransigência torna muito difícil o trabalho diário. Então, é importante que o CEO demonstre alguma sabedoria e humildade. Se faltar sabedoria, mostre ao menos humildade; quando faltar humildade, mostre ao menos sabedoria.

Erro # 4 – Ausência

Um CEO precisa viajar muito, visitar clientes e feiras, e fazer outras coisas que ninguém sabe e, por isso, ele raramente está presente na Empresa, e muito menos no chão de fábrica, certo? Claro que não! Mil vezes, errado. Independentemente das atribuições do CEO, ele deve mostrar-se presente na Organização. É crucial que as pessoas vejam algumas vezes por mês o CEO caminhando pelas áreas da empresa, principalmente, pelo chão de fábrica, mostrando-se interessado nas pessoas, produção, qualidade e entrega. Isso soa como música para pessoas que trabalham arduamente no chão de fábrica e deixa claro que o trabalho que é feito é muito importante e, se o CEO se preocupa com o chão de fábrica, quem não irá se preocupar? Portanto, olhar para dentro de casa, e mostrar-

LIDERANÇA

se presente, também é uma das principais responsabilidades do CEO.

Evite esses perversos erros, e você estará no caminho para uma boa liderança!

LIDERANÇA

VOCÊ SABE A DIFERENÇA ENTRE GERENTE E LÍDER? MESMO?

No meu primeiro cargo de gestão, em 1997, como supervisor de produção de uma empresa global fabricante de motores, meu desafio era não apenas o startup da produção da nova fábrica no Brasil, mas também, o início da minha própria carreira em gestão. E como eu naquele tempo, você provavelmente já ouviu a seguinte frase: "*Você deve ser mais que um bom gestor, você deve ser um bom líder!*"

Sério? Mas como ser um bom gestor, sem ser um bom líder?

Ser gestor é uma crítica e importante posição a ser exercida num cenário de negócios, e requer que algumas competências bem específicas sejam desenvolvidas para

LIDERANÇA

que se exerça bem a função. Então, vamos entender o que exatamente significam os termos "gestão" e "liderança".

Minha longa carreira trabalhando com gestão de pessoas em ambiente industrial me fez refletir profundamente sobre o real significado do que é ser um gestor e um líder. Depois de já ter lido incontáveis artigos e livros sobre gestão e liderança, eu cheguei à conclusão que existe muita confusão sobre o tema. Faça uma busca agora mesmo na internet e você verá o que eu quero dizer; alguns autores dizem que o gerente cuida de tarefas administrativas, repetitivas, mas não lidera, não motiva, não inova, e outras coisas malucas do gênero. Em geral, você verá definições de liderança como sendo um comportamento especial, ou algum dom natural, ou mesmo, algum superpoder - coisa que não é!

Liderança é uma Competência!

Ainda que eu concorde que algumas pessoas têm mais facilidade para exercer a liderança, ou a exerçam com mais naturalidade, a liderança continua sendo uma competência. Relembrando que uma competência é o conjunto de habilidade, conhecimento e atitude voltadas para se cumprir uma determinada tarefa. Por isso, sendo uma competência, a liderança pode ser desenvolvida com estudo, treinamento e prática.

LIDERANÇA

Diferença entre Liderança "competência" e Liderança "função"

Outra confusão que se faz é entre liderança como sendo uma competência, e liderança como sendo um determinado cargo, como por exemplo: líder de produção, líder de manutenção, etc. Porém, ainda que seja uma função, ou nome de um cargo, ainda assim, a competência de liderança será, obviamente, requerida.

Qual é, então, a Diferença entre Gerente e Líder?

A resposta objetiva é: todo gerente (ou gestor) deve ser líder, mas nem todo líder é gestor. Isso significa dizer que "liderança" é uma das competências principais de um cargo de gestor. Ao contrário, "gestão" não é uma competência necessária para um cargo de líder. Eu acredito que qualquer um que já tenha exercido um cargo de gestão irá entender isso. É virtualmente impossível admitir que um gestor exerça suas tarefas, planejando, organizando, melhorando processos, orientando pessoas, liderando reuniões e projetos, sem a competência de liderança. Vamos entender melhor, observando, a seguir, quais são as competências de gestão, e quais as de liderança.

As 12 Principais Competências de Gestão

1. Gestão do tempo: capacidade de identificar prioridades, e agir com disciplina para executá-las.
2. Estabelecimento de metas: capacidade de definir apropriadamente objetivos a serem atingidos.

LIDERANÇA

3. Organização: capacidade de estruturar coisas, processos e pessoas.
4. Delegação de Poderes: a delegação de poderes é a distribuição criteriosa de responsabilidades. Ela facilita o trabalho do gestor, ao mesmo tempo que pode promover a motivação de quem recebe a responsabilidade.
5. Avaliação Eficaz da Equipe: é a capacidade de avaliar as competências das pessoas, e os resultados atingidos por elas, conseguindo apontar as competências boas, e aquelas que devem ser desenvolvidas.
6. Desenvolvimento de Competências: capacidade de desenvolver e melhorar a competência das pessoas, através de *coaching*, *mentoring* e treinamento.
7. Liderança: é um conjunto de capacidades necessárias para um líder (descritas mais adiante).
8. Análise Crítica: capacidade de entendimento e julgamento de resultados, coisas e situações.
9. Melhoria Contínua: é a capacidade de encontrar maneiras de melhorar processos, tecnologia, ou pessoas.
10. Planejamento: capacidade de desenvolvimento de uma metodologia sistemática para a configuração de ações futuras.
11. Visão Detalhada dos Processos que Administra: capacidade de entendimento detalhado dos processos de sua área de atuação, bem como as suas inter-relações.
12. Visão Geral dos Processos da Organização: capacidade de ter um entendimento macro dos principais processos da Organização.

LIDERANÇA

A Competência de Liderança é Formada por um Conjunto de 10 Outras Competências

1. Motivação: capacidade de manter e elevar o moral e a energia das pessoas e do time como um todo.
2. Equilíbrio Emocional: capacidade de agir e reagir com sabedoria, dominando as suas próprias ações e reações.
3. Visão positiva: capacidade de mostrar a crença de que o caminho é certo, e o futuro será melhor.
4. Justiça: Fazer escolhas com sabedoria, ter consistência entre o discurso e as ações, assumir os seus próprios erros, liderar pelo bom exemplo, estabelecer relações de confiança e transparência.
5. Iniciativa/Proatividade: capacidade de iniciar e empreender ações necessárias.
6. Aprendizagem com os Erros: é a capacidade de analisar e entender o erro a fim de corrigi-lo e não o repetir. Cada erro que cometemos vem com um pacote cheio de ensinamentos.
7. Boa Comunicação: capacidade de receber e transmitir informações de forma clara, apropriada, e assertiva.
8. Foco em Resultados: capacidade de evidenciar e relevar os objetivos definidos, e os resultados obtidos.
9. Tomada de Decisões Difíceis: capacidade de tomar decisões e assumir riscos, não delegando as decisões difíceis e inerentes ao seus cargo ou área de responsabilidade.
10. Criatividade: capacidade de ter ideias significativas, e de criar soluções.

LIDERANÇA

Todo Gestor Deve Ser Líder, mas nem Todo Líder é Gestor

Pelas listas de competências enumeradas anteriormente, fica fácil entender que um gestor precisa da competência de liderança, mas o líder não precisa das competências do gestor. Como já disse, eu exerci por muitos anos o cargo de gestor, e posso dizer que é impossível exercê-lo sem a competência de liderança. Se você é gestor, provavelmente, irá concordar comigo.

É claro que, aqui, não estamos entrando no mérito se o gerente que você conhece é bom ou ruim, pois, estamos tratando apenas do que lhe é requerido. Eu, particularmente, conheci vários gestores que não tinham

LIDERANÇA

as competências necessárias bem desenvolvidas, e, por isso, não desempenhavam bem a sua função. Portanto, depois de mais de 20 anos trabalhando em ambiente industrial, posso dizer que não existe um gerente que exerça suas funções com efetividade, sem a competência de liderança!

LIDERANÇA

MARKETING

A COMPETÊNCIA BÁSICA PARA O SUCESSO EM VENDAS

Embora muitas Organizações sejam preocupadas com vários aspectos e características de sua força de vendas, a mais importante delas, muitas vezes é negligenciada. A **credibilidade** é a mais importante das competências de um vendedor, e isso é comprovado em várias pesquisas e estudos especializados. Há uma frase bastante interessante da escritora americana Rebecca Solnit, que exprime bem a importância da credibilidade na vida das pessoas, diz ela: "A credibilidade é uma ferramenta básica de sobrevivência."

Num estudo de Brian H. Flynn e Kathleen A. Murray, intitulado "Sua Força de Vendas Pode Ser a sua Fraqueza" (*Your Sales Force Could Be your Weakness*), publicado em

MARKETING

1993, no Jornal de Negócios Europeus (*The Journal of European Business*), que avaliou mais de 1000 gerentes seniores, apontou que as características que eles mais procuram nos vendedores de seus fornecedores é integridade, confiabilidade, e conhecimento do produto/serviço. Com relação à marca, procuram uma empresa estável e reconhecida no mercado.

Um estudo intitulado "Sinais de Identidade Corporativa: o Significado da Força de Vendas" (*Corporate Identity Cues: The Significance of the Sales Force*), conduzido por Eirini Dimopoulou e Chris Fill, publicado em 2000, acompanhou representantes de laboratórios farmacêuticos e os seus clientes, os médicos. O estudo mostrou uma forte correlação entre a imagem corporativa e a maneira como a força de vendas era considerada. Os médicos apontaram a credibilidade como um atributo chave, junto com conhecimento e precisão de informações.

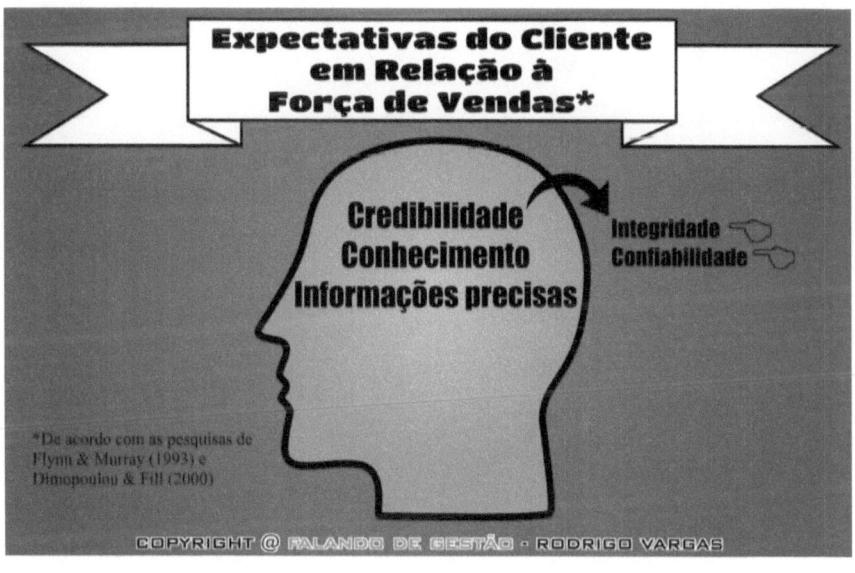

MARKETING

Além dessas características, é claro, um bom vendedor deve ter também boa comunicação, persistência, organização, entusiasmo, e boa apresentação. Mas, sem dúvida, a competência básica para o sucesso em vendas é a credibilidade!

MARKETING

A ESTRATÉGIA DA "CAUDA LONGA"

Chris Anderson nasceu em Londres, mas, ainda criança, foi morar nos Estados Unidos, onde graduou-se em Física. Iniciou sua carreira como editor das revistas científicas Nature e Science. Em 1994, começou a trabalhar como editor da revista The Economist, onde ficou até 2001, quando, então, iniciou trabalho na revista Wired, onde permaneceu até 2012. No período em que foi editor da Wired, escreveu seu famoso artigo *The Long Tail* (A Cauda Longa), que deu origem ao seu best-seller *A Cauda Longa: Do Mercado de Massa para o Mercado de Nicho* (*The Long Tail: Why the Future of Business Is Selling Less of More*, título original em inglês), publicado em 2006.

Em síntese, o pensamento do autor desvenda uma nova estratégia de varejo, em que se consegue oferecer (graças às novas tecnologias como internet e lojas online) uma

MARKETING

variedade maior de itens e, como resultado, pode-se vender com base em uma gama muito maior itens. Como o próprio título de seu livro sugere, a estratégia da Cauda Longa permite vender menos de muito mais. Em seu artigo de 2006, Chris Anderson faz um comparativo de empresas como Barnes&Noble e Amazon e, segundo ele, enquanto a primeira tinha cerca de 130.000 títulos disponíveis, a segunda tinha mais da metade das vendas de livros fora dos seus 130.000 títulos mais vendidos. Não à toa, a Amazon atingiu em setembro de 2008 o valor de 1 trilhão de dólares.

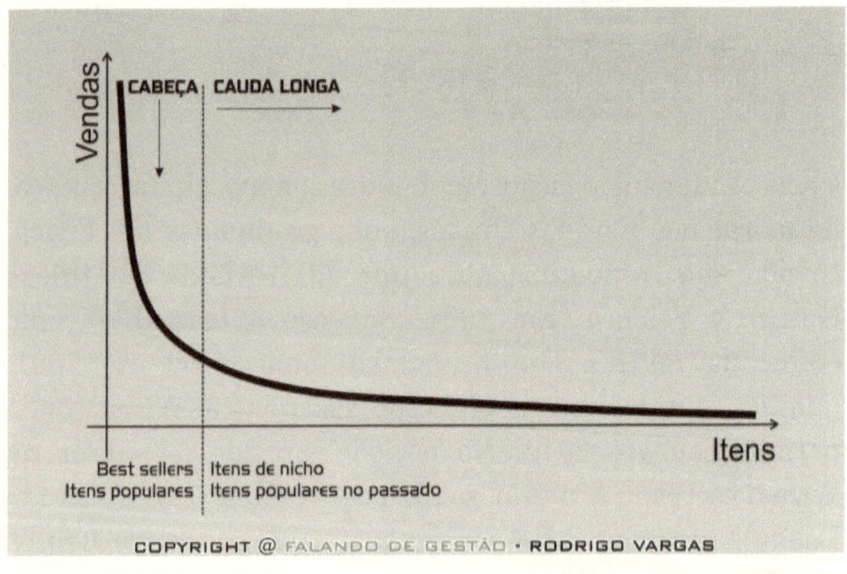

Veja o que ocorreu, por exemplo, na área da edição de livros. Até os anos 2000, para você, como autor, vender livros precisava encontrar uma editora disposta a arcar com as despesas de impressão e distribuição, ou então, você mesmo teria que fazê-lo. Hoje, um autor pode vender livros pelo sistema *print on demand*, ou seja, o livro só é

MARKETING

impresso na medida em que é vendido. Basta que o autor disponibilize o arquivo digital do livro, e as grandes empresas de varejo online farão o resto, podendo distribuir o livro a nível global. A estratégia de vendas "cauda longa" mudou os paradigmas de décadas e décadas, abrindo novas possibilidades e alcançando novos horizontes.

MARKETING

COMO ESPANTAR UM CLIENTE?

Como espantar um cliente? Simples. Erre, e desperdice todas as oportunidades de corrigir o erro e surpreender o cliente. Sim, errar é humano, e isso pode acontecer. E aí, obviamente, isso pode prejudicar o seu cliente, gerando descontentamento. Porém, o mais das vezes, não será o erro em si que determinará a frustração do cliente, mas, sim, a postura da Organização (e das pessoas que a representam) perante este erro. Muitas vezes, a forma com que a Organização corrige o erro, poderá até fidelizar ainda mais o cliente, se ela agir de maneira atenta e (realmente) preocupada em encontrar solução, evitando que o cliente seja ainda mais penalizado.

MARKETING

Atenção ao Cliente

Quantas empresas gastam milhões em campanhas publicitárias, mas resistem em ceder a descontos, ou assumir despesas decorrentes de seu próprio erro, em prol do cliente, e no intuito de resolver o problema por elas mesmas criado. Ora, o cliente percebe isso!

Uma pesquisa da Dimensional Research (provedor de pesquisa de mercado) e Zen Desk (provedor de software de help desk), intitulada "Serviço ao Cliente e os Resultados do Negócio: Uma pesquisa de serviço ao cliente de companhias de médio porte" – em tradução livre (*Customer Service and Business Results: A survey of customer service from mid-size companies*) mostrou que 54% dos clientes insatisfeitos contam a experiência ruim para mais de 5 pessoas, enquanto que, apenas 33% dos clientes satisfeitos, fazem isso. Outro achado é que 45% dos clientes insatisfeitos compartilham essa experiência ruim em mídias sociais, enquanto que apenas 30% dos clientes satisfeitos o fazem.

Um Exemplo do que Não Fazer

A história a seguir é real, e mostra várias oportunidades perdidas por uma Organização para fazer um bom atendimento e satisfazer seu cliente. Trata-se de uma loja de artigos para animais. A cliente solicitou por telefone, como costumava fazer, um pacote de ração e dois pacotes de tapetes higiênicos (aqueles que substituem os jornais). Apesar do pagamento da taxa de entrega, o valor, em

MARKETING

geral, compensava. No mesmo dia, conforme combinado, foi entregue o pedido. Até aí, tudo bem. O problema, porém, é que o tamanho do tapete higiênico foi entregue errado, ao invés de 60 x 80 (conforme pedido, e como constava, inclusive, da nota fiscal), foi entregue 60 x 60. Ok, isso acontece, pensou a cliente, pois ela mesma havia conferido a ração, mas não as dimensões do tapete (as embalagens são iguais).

Ao identificar o erro, ligou, então, para comunicar à loja o equívoco. Nesse momento, quando a loja informa que não tinha em estoque o 60 x 80, percebe-se o **primeiro erro**. Se não tinha o produto, deveria ter informado à cliente, antes de enviar um produto "parecido". Disseram, então, para a cliente ligar dois dias depois, quando deveriam receber o produto solicitado, e que, então, poderiam trocar pelo que havia sido enviado. **Segundo erro**: a loja é quem deveria ligar, avisando da chegada do produto. Pois bem, a cliente esperou três dias, ligou para a loja, mas o produto não havia chegado devido a um determinado problema logístico. **Terceiro erro**: se o produto não chegaria na data prometida, por um problema logístico (ou o que quer que fosse), a loja deveria ter se antecipado e entrado em contato com a cliente. Não o fez. Durante a conversa, a pessoa que falava em nome da loja, disse que ligaria mais tarde para oferecer outro produto similar, nas mesmas dimensões. **Quarto erro**: uma pesquisa simples como essa poderia ter sido feita de imediato, sem que o cliente tivesse que esperar, afinal, uma simples consulta a um vendedor da loja, ou mesmo ao sistema, informaria isso. E foi, justamente, o que fez a própria cliente. Após uma pesquisa

MARKETING

no site da loja, encontrou um produto com as mesmas medidas (10% mais caro), e aí, retornou a ligação para a loja solicitando a troca e dizendo que pagaria a diferença no preço. **Quinto erro**: a loja deveria ter oferecido, após todo o incômodo advindo do erro inicial da própria loja, assumir a diferença de preço dos produtos como cortesia (aqui a mágica oportunidade de encantar um cliente, e disparar uma publicidade boca a boca), o que não fez.

A Força do Boca a Boca

Segundo Kotler, em seu livro "Administração de Marketing", conquistar um novo cliente custa 5 vezes mais do que mantê-lo. Infelizmente, ainda falta competência da alta direção de muitas Organizações para perceber a necessidade de treinar e orientar devidamente todos os seus colaboradores que mantêm contato direto com o cliente. Treinamento esse visando aproveitar esse tipo de oportunidade (como a que narramos aqui) para surpreender e encantar o cliente. No entanto, apesar de muitas dessas Organizações gastarem um bom dinheiro em propaganda, acabam perdendo, por valores muito menores, aquele momento mágico de (realmente) resolver o problema do cliente, satisfazendo-o e surpreendendo-o.

De acordo com Ed Keller e Brad Fay, autores do livro "The Face-to-Face Book: Why Real Relationships Rule in a Digital Marketplace", publicado em 2012, os americanos se envolvem em muitas conversas sobre marcas de produtos, todos os dias, e, mais do que dois terços delas, inclui uma recomendação para uma compra, consideração

MARKETING

de uma determinada marca, ou um desaconselhamento efetivo de uma certa marca. Esses achados deram conta de que 8% dessas conversas se deu em redes sociais, aplicativos de mensagens, ou e-mails, enquanto que 90% foram conversas offline. Evidentemente, esses percentuais podem variar de acordo com o tempo, porém, é evidente o peso do boca a boca pessoal nas conversas sobre produtos e marcas.

Por isso, tenha em mente que não há publicidade mais poderosa do que aquela feita pelo boca a boca. Então, aproveite as oportunidades que aparecerem para solucionar problemas e encantar o seu cliente.

MARKETING

O PARADOXO DE JEVONS

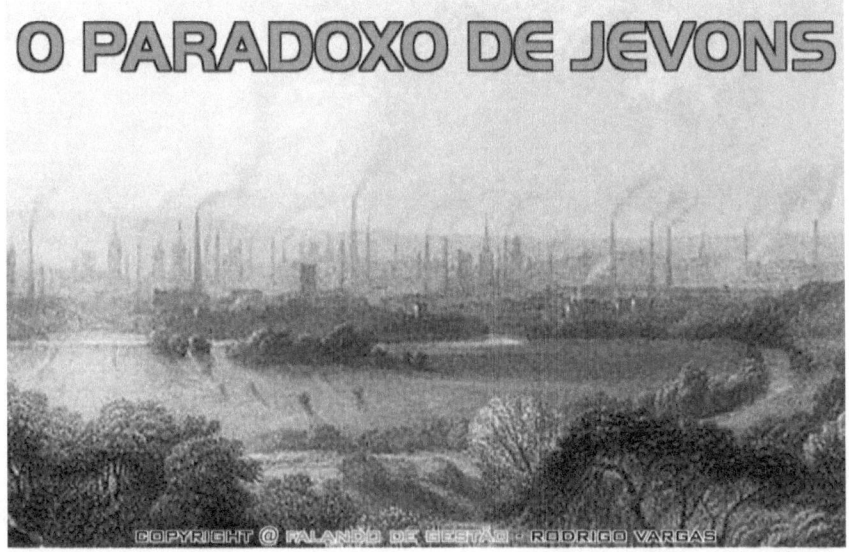

O paradoxo de Jevons foi descrito pelo economista inglês William Stanley Jevons, em seu livro The Coal Question (A Questão do Carvão - em tradução livre) publicado em 1865. Na sua análise, o autor observou que os avanços na eficiência das máquinas à vapor, proporcionaram um consumo menor de carvão para produzir a mesma quantidade de energia, porém, levaram a um consumo total de carvão maior, devido a uma maior demanda.

Dessa forma, o paradoxo de Jevons ocorre sempre que **o aumento na eficiência de utilização de um determinado recurso leva, não a uma redução, mas a um aumento no consumo total desse recurso.**

MARKETING

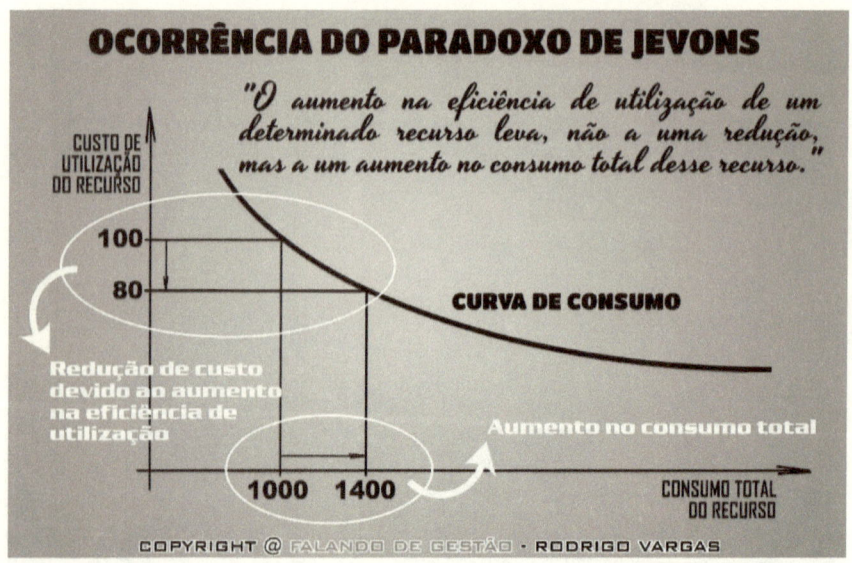

Um exemplo conhecido por todos é o caso dos e-mails e aplicativos de mensagem. Embora essas ferramentas aumentem a eficiência da nossa comunicação, ao invés de economizarmos tempo, acabamos passando mais horas do nosso dia envolvidos com comunicação, devido ao aumento no volume de comunicação e na demanda de utilização dessas mesmas ferramentas. O exagero que se tem visto no tempo despendido no uso destas ferramentas mostra um evidente uso inadequado.

Portanto, nem sempre um aumento na eficiência de utilização de um determinado recurso refletirá uma redução de seu consumo total, pelo que se conclui que **políticas de uso** e **orientações visando mudanças comportamentais** são necessárias.

MARKETING

POR QUE ALGUMAS EMPRESAS QUE GASTAM MILHÕES EM MARKETING NÃO CONSEGUEM, AINDA, FAZER O BÁSICO?

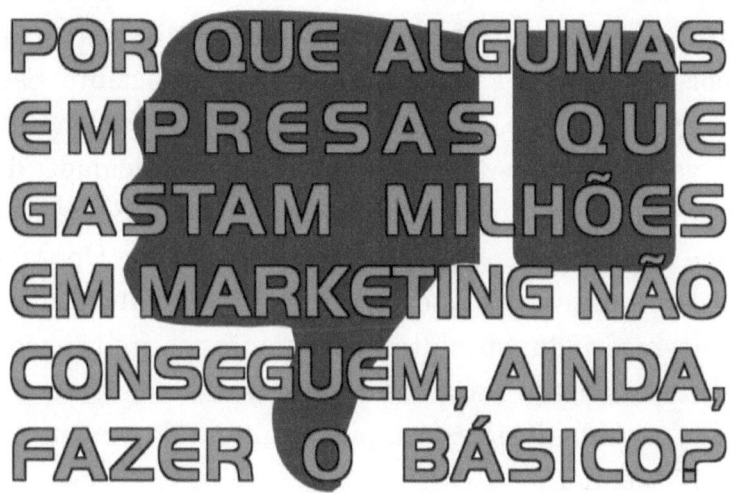

Não é difícil para algumas empresas que têm verbas milionárias de Marketing fazer alarde na publicidade, porém, parece ainda difícil para estas mesmas empresas fazer o básico: transmitir confiança ao cliente! Veja os casos que vou narrar, a seguir, para ilustrar o raciocínio, e veja, depois, a importância que confiança ocupa entre as expectativas do cliente, e como ela impacta na sua satisfação.

Exemplo 1

O cliente tem um plano pré-pago de telefonia móvel, há uns dois anos, pagando o mesmo valor, pelo mesmo

MARKETING

serviço. De um mês para o outro, o plano deixa de ser renovado, pois, segundo o SMS recebido da Operadora, o saldo de créditos era insuficiente (saldo esse que, sim, era suficiente para o referido plano). Acontece que a Operadora extinguiu esse plano, sem sequer comunicar o cliente, e o substituiu por outro cerca de 15% mais caro, e foi por isso que o saldo deixou de ser suficiente para a renovação do plano. Voltando no tempo em seis meses, se pôde verificar mais de 30 e-mails de publicidade dessa Operadora. Além disso, pelo menos outros 5 SMS's com o mesmo objetivo de vender outros serviços da Operadora. Ora, nenhum aviso sequer sobre o fim do plano em vigor! Isso mesmo, nada, absolutamente nenhuma informação foi passada ao cliente para informá-lo que o seu plano seria extinto, e substituído (compulsoriamente) por outro de valor 15% maior.

Exemplo 2

Um cliente que tinha uma máquina de café em cápsulas, percebeu que havia um vazamento na máquina, comprada cerca de 2 anos antes. Consultando o SAC da empresa, esta ofereceu, ao invés de consertar a máquina, a troca dessa por outra nova, com 50% de desconto. O cliente deveria entregar a máquina antiga para ser coletada, mas, para isso, deveria assinar uma declaração padrão, autorizando o descarte. Após ser pago o valor do modelo novo, poucos dias depois a nova máquina chegou. Até aí, tudo bem. Acontece que, passados cerca de 30 dias, a máquina antiga (ocupando espaço) não havia sido coletada. Foi, então, enviada uma mensagem para o SAC da

MARKETING

empresa, via website, relatando os fatos, e solicitando a coleta, mensagem esta que sequer recebeu resposta. Passados outros 4 meses, sem que houvesse um contato, nem tampouco a coleta da máquina antiga, mais uma mensagem foi enviada, também via website. Mas, dessa vez, veio uma resposta: dizendo que a máquina deveria ser levada até os Correios para despacho (o envio seria pago pela empresa). Como é que é? Mas, não era para uma transportadora ir coletar a máquina na casa do cliente? Sim, havia, inclusive, o nome da empresa de logística no tal documento de descarte. Após um veemente protesto pela alternativa dada, foi recebido um e-mail que dizia que o caso seria analisado pela área competente. Mas nada ocorreu, passados mais 20 dias. Foi necessário mais um telefonema para, então, o caso ser encerrado através da coleta na casa do cliente. Para contemporizar, a empresa ofereceu como cortesia algumas cápsulas de café, o que, infelizmente, não mudou a imagem de uma empresa perdida na desorganização de sua estrutura, e muito longe de atender às expectativas básicas do cliente.

Exemplo 3

Nesse caso, o cliente tinha uma TV por assinatura, mas, de repente, ficou sem sinal (era uma sexta-feira à noite). O cliente, então, reclamou no SAC, e conseguiu agendar uma visita para verificação do problema para o sábado. Essa visita, porém, não ocorreu. O cliente, para não ficar sem TV, ficou assistindo, através da recepção digital, os canais da TV aberta. Na semana seguinte, insatisfeito, ligou mais uma vez para o SAC da operadora de TV por assinatura,

MARKETING

não apenas informando que ainda estava sem sinal, mas que já havia sido solicitado uma visita técnica, que não ocorreu. Isto posto, desculparam-se e disseram que, sem falta, no próximo dia marcado, o técnico estaria no local para a verificação do problema. Porém, mais uma vez, ninguém apareceu. Cansado de tanta incompetência, o cliente contratou o serviço de outra Operadora de TV por assinatura.

Todos esses casos têm, em comum, o fato de serem empresas que não conseguiram transmitir o básico aos seus clientes: confiabilidade! E, mais ainda, não conseguiram transmitir empatia e segurança, apesar de serem empresas que gastam cifras astronômicas em marketing, tanto em TV, quanto internet, e, também, em revistas, contratando, inclusive, artistas famosos como garotos-propaganda para várias de suas campanhas.

Expectativas dos Clientes

Confiança, empatia, e segurança foram, justamente, algumas das maiores expectativas apontadas pelos clientes em uma pesquisa sobre Marketing, que foi tema do artigo publicado na MIT Sloan Management Review, dos professores A. Parasuraman, Leonard L. Berry e Valarie A. Zeithaml, intitulado *Understanding Customer Expectations of Service* (Entendendo as Expectativas dos Clientes de Serviços, em tradução livre). A pesquisa foi feita através de 16 grupos de estudo, em 5 cidades americanas, representando vários tipos de indústrias e clientes, tanto B2C (clientes finais), como B2B (clientes

MARKETING

empresariais), e os resultados mais significativos mostraram que houve mínima diferença entre B2C e B2B, ou seja, as expectativas são, essencialmente, as mesmas, e foram classificadas em 5 dimensões principais: **confiabilidade** (capacidade de realizar o serviço conforme prometido, de forma precisa e confiável), **tangibilidade** (a aparência física das instalações, equipamentos, pessoas, e materiais de comunicação), **capacidade de resposta** (a vontade de ajudar o cliente, e proporcionar um pronto atendimento), **segurança** (o conhecimento e cortesia dos funcionários, e sua capacidade em transmitir confiança) **empatia** (o cuidado e a atenção individualizada dirigidos ao cliente).

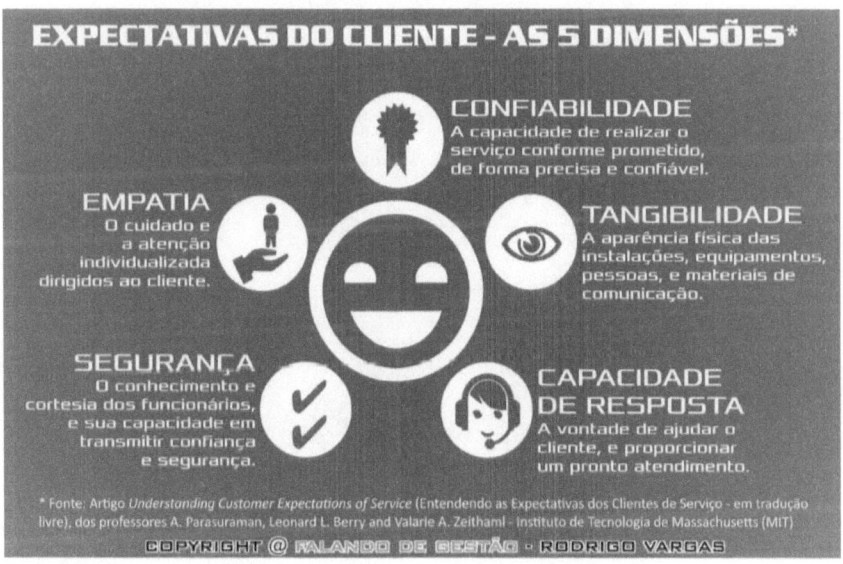

O estudo sugere que a **confiabilidade** é a mais importante dimensão para **atender as expectativas do cliente**, enquanto que **as outras dimensões** (especialmente segurança, capacidade de resposta, e empatia) são as mais

MARKETING

importantes para **exceder as expectativas do cliente**. Portanto, se você quer satisfazer o seu cliente, antes de gastar milhões em publicidade, cuide para estruturar o seu negócio de modo a atender as expectativas mais importantes do cliente, e faça o básico: transmita confiança!

MARKETING

QUANDO MENOS É MAIS NO MARKETING!

Oferecer várias opções ao consumidor pode não ser uma boa estratégia. Você alguma vez ficou na dúvida de qual *shampoo* escolher. Veja as opções que uma renomada marca oferece nas prateleiras do supermercado: restauração, hidrocauterização, controle de queda, hidratação, liso extremo, cachos definidos, força e reconstrução, cachos hidravitaminados, brilho extremo, reparação rejuvenescedora, liso e sedoso. Fácil de escolher? Não, necessariamente! Decisão angustiante? Provavelmente!

Barry Schwartz aborda em detalhes a questão das escolhas que fazemos no livro que publicou em 2004, intitulado *The Paradox of Choice: Why More Is Less* (O Paradoxo da

MARKETING

Escolha: Por que Mais É Menos). Barry diz que a vida é uma questão de escolhas e, no marketing, todo consumidor gosta de fazer boas escolhas, por isso, quando é difícil escolher, o consumidor pode desistir da compra ou, se comprar, arrepender-se da escolha. Um fato interessante que ele aponta é que adicionar opções vai aumentar as expectativas que as pessoas têm sobre o quão boas serão essas opções, e o que isso vai produzir é menos satisfação com os resultados, mesmo quando eles são bons. Barry aponta que, sem dúvida, alguma escolha é melhor do que nenhuma, mas isso não significa que muitas escolhas sejam melhores do que poucas escolhas. Existe uma quantidade mágica de opções, mas ele reconhece não saber, e afirma que há muito tempo passamos do ponto em que as opções aumentaram nosso bem-estar.

Patrick Spenner e Karen Freeman, em seu artigo *To Keep Your Customers, Keep It Simple* (Para Manter seus Clientes, Deixe Simples – em tradução livre) relatam um interessante estudo realizado pela CEB (*Corporate Executive Board*) durante um período de três meses, através de pesquisas pré e pós-compra de mais de 7.000 consumidores nos EUA, no Reino Unido e na Austrália, abrangendo uma ampla faixa de idades, níveis de renda e etnias. O estudo revelou que o maior impulsionador da aderência do consumidor, de longe, foi a "simplicidade de decisão", ou seja, a facilidade com que o consumidor pode coletar informações confiáveis sobre um produto e pesar de maneira segura e eficiente suas opções de compra.

MARKETING

Outro estudo intitulado *Leaving the store empty-handed: Testing explanations for the too-much-choice effect using decision field theory* (Deixando a loja de mãos vazias: Testando explicações para o efeito "opções excessivas" usando a teoria de campo de decisão – em tradução livre) , conduzido pelos pesquisadores Ryan K. Jessup, Elizabeth S. Veinott, Peter M. Todd, Jerome R. Busemeyer, conclui que o consumidor evitará uma compra quando a opção preferida mudar com demasiada frequência, demonstrando uma dificuldade na sua escolha, ou quando o tempo que o consumidor tem se esgotar antes dele chegar a uma decisão razoável.

É por isso tudo que no Marketing, na grande maioria das vezes, menos é mais! O que os consumidores querem dos profissionais de marketing é, simplesmente, a simplicidade!

MARKETING

RECEITA, LUCRO, MARGEM DE LUCRO, E MARKUP: ENTENDENDO OS CONCEITOS

Não é raro encontrar colaboradores nas Organizações (pelo menos aqueles que não são dedicados à área de Marketing ou Financeira) desconhecerem ou confundirem os conceitos relativos a lucro (bruto, operacional e líquido) e margem de lucro. No entanto, esses conceitos são importantes e podem aparecer em várias situações numa Organização, não apenas nos redutos financeiro e de marketing. Ademais, esses conceitos não são complexos, e podem ser compreendidos com certa facilidade. Para um melhor entendimento, vamos discorrer sobre receita, lucro, e margem de lucro, conforme o sistema de custeio de absorção (exigido legalmente no Brasil).

MARKETING

Receita

- **Receita bruta:** é o valor total faturado pela Organização (inclui os impostos ICMS e PIS/Cofins).
- **Receita líquida:** é a receita bruta menos os impostos s/ vendas.

Lucro

- **Lucro bruto:** é a receita líquida menos mão de obra direta, custo de matéria-prima, e custos indiretos de fabricação.
- **Lucro operacional:** é o lucro bruto menos as despesas operacionais, tais como administrativas, vendas, e outras (incluindo as financeiras).
- **Lucro líquido:** é o lucro operacional menos o saldo de receitas/despesas não operacionais, e menos o imposto de renda.

Margem de Lucro

- **Margem de lucro bruta:** é o lucro bruto dividido pela receita líquida.

- **Margem de lucro operacional:** é o lucro operacional dividido pela receita líquida.

- **Margem de lucro líquida:** é o lucro líquido dividido pela receita líquida.

Markup

Vale a pena abordarmos aqui o conceito de markup. Esse conceito, muitas vezes é confundido com margem de lucro que, como vimos, é outra coisa. O markup é um índice que

MARKETING

se aplica ao custo unitário líquido (custo unitário de fabricação + IPI) para se chegar ao **preço de venda**.

$$\text{Preço} = \text{Custo Unitário Líquido} \times \text{Markup}$$

No entanto, para se chegar ao markup que queremos, de acordo com as **despesas** que temos, e de acordo com a **margem de lucro** (percentual do lucro líquido em relação ao preço de venda) que procuramos, podemos utilizar a seguinte fórmula:

$$\text{Markup} = 1 / (1 - \text{despesas}(\%) - \text{frete}(\%) - \text{ICMS/PIS/Cofins}(\%) - \text{margem de lucro}(\%))$$

Lembrando que os valores de despesas, frete, impostos, e margem de lucro entram na fórmula como percentuais divididos por 100, ou seja, no caso de 34% colocamos na fórmula o valor 0,34.

Acreditamos, enfim, que todos esses conceitos são importantes dentro da Organização, não apenas para as áreas de Marketing ou Finanças.

PLANEJAMENTO ESTRATÉGICO

COMO FAZER UM PLANEJAMENTO ESTRATÉGICO QUE FUNCIONA?

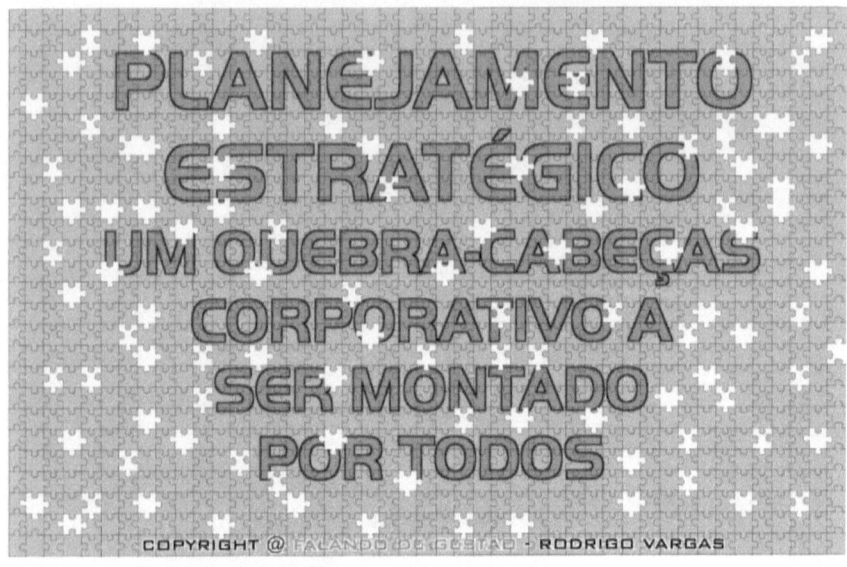

Para Que Serve um Plano Estratégico?

Um plano estratégico corporativo é uma das ferramentas mais poderosas para ajudar no crescimento da empresa. É uma ação tipicamente gerencial, amparada por metodologias específicas, focada em definir os macro objetivos da Organização dentro de um horizonte de longo prazo, enquanto, ao mesmo tempo, estabelece ações e metas de curto e médio prazo, justamente para poder viabilizar os objetivos de longo prazo. Porém, é importante compreender os erros mais comuns cometidos (para evitá-los) quando se faz um plano estratégico. Veja-os, a seguir:

PLANEJAMENTO ESTRATÉGICO

É um Erro Fazer um Planejamento Estratégico...

- Apenas para mostrar para a matriz, para o conselho, ou para os proprietários;
- Só para dizer que sua empresa tem um;
- Mantendo-o como um documento secreto;
- E não dirigir as ações do dia a dia baseadas nele;
- E não o revisar anualmente.

Como Fazer um Planejamento Estratégico que Funciona?

Existem algumas variações quanto à forma e estrutura, mas a seguir apresentaremos uma forma básica, mas muito objetiva e útil. Nesse modelo, começamos a **primeira fase definindo Missão, Visão e Valores**. Numa **segunda fase, fazemos a análise do ambiente em que se encontra a Organização** (análise SWOT) identificando as forças e oportunidades (pontos positivos), e as fraquezas e ameaças (pontos negativos). Esses pontos uma vez identificados, irão apontar os objetivos estratégicos necessários para tratá-los. Analisamos criticamente estes objetivos, e mais a missão e visão estabelecidas, chegando, então, **a terceira fase, onde montamos um quadro estratégico apontando os macro objetivos, seus indicadores, metas, ações** e os fóruns de monitoramento. Os objetivos-macro deverão ser desdobrados nos demais níveis da Organização, de modo que todos os gestores tenham metas ao seu nível de atuação. É fundamental ter em mente, os seguintes pontos-chave:

PLANEJAMENTO ESTRATÉGICO

- Um bom plano estratégico é construído pela alta e média gestão;
- Todos os macro objetivos devem ser traduzidos para as operações diárias, em micro objetivos, de tal modo que cada colaborador saiba como o seu objetivo contribui com o macro objetivo;
- Da mesma forma, os macro objetivos devem ser traduzidos em ações, tanto do lado dos gastos (envolvendo parceiros, e a própria Organização, no tocante aos recursos: pessoas, processos e tecnologia), como do lado das receitas (que envolve parceiros e clientes: segmentos, canais e relacionamento).

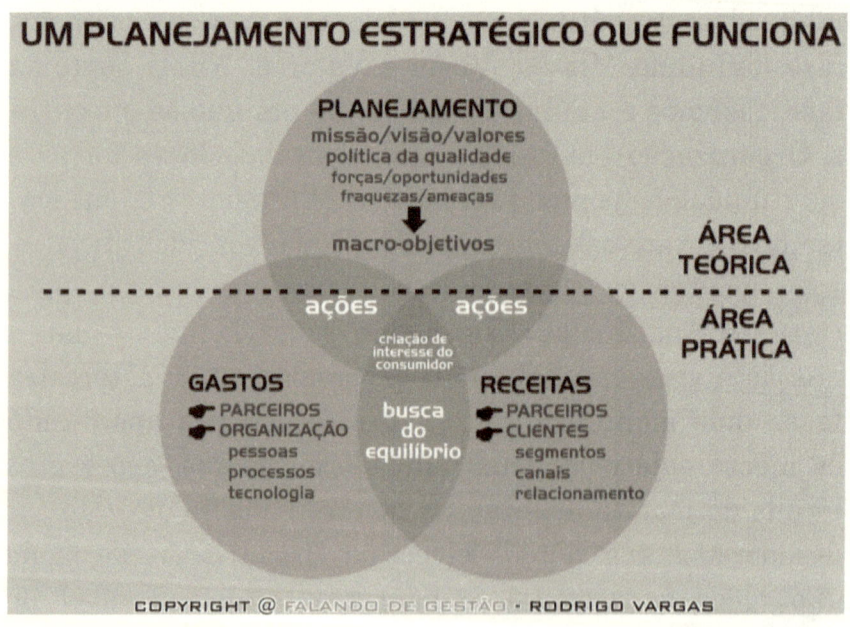

Como um quebra-cabeças, o plano estratégico, após criado, deve ser completado por todos da Organização, verificando

PLANEJAMENTO ESTRATÉGICO

se a imagem que vai aparecendo está correta, caso contrário, deve-se refazer a montagem.

PLANEJAMENTO ESTRATÉGICO

O DILEMA DA INOVAÇÃO

Mesmo empresas que tem boas administrações, mas que buscam a inovação de seus produtos sempre dentro dos mesmos padrões, podem fracassar justamente por não inovarem fora dos padrões. Se a indústria tivesse se focado apenas no desenvolvimento da tecnologia do VHS, jamais teria chegado ao DVD. Esse é o conceito principal do livro do professor de Harvard, Clayton Christensen, *O Dilema da Inovação: Quando as novas tecnologias levam empresas ao fracasso,* publicado em 1997. Segundo o professor Christensen, não investir em tecnologia disruptiva (aquela que quebra o paradigma atual) pode ser o diferencial entre o fracasso e o sucesso futuro da Organização.

A tecnologia disruptiva atua em mercados não conhecidos, e clientes ainda não descobertos, e isso pode gerar medo nas Organizações em investir recursos que não darão,

PLANEJAMENTO ESTRATÉGICO

inicialmente, grandes lucros, e cujo futuro é incerto. No entanto, novos players podem aparecer no mercado, fazendo justamente isso, e levando grandes corporações ao fracasso. São alguns exemplos conhecidos: Telefonia fixa e móvel; Carros a combustão e carros elétricos; Fotografia em filme e fotografia digital; Celulares e Smartphones; TVs de tubo e TVs de lcd; lâmpadas incandescentes, fluorescentes e de LED. Outro exemplo interessante vem da própria Apple, uma empresa sinônimo de inovação, quando o lançamento do Iphone acabou com o mercado do seu próprio produto (sucesso de vendas), o iPod. O advento dos drones criou, também, novos mercados na indústria do cinema, na agricultura, na vigilância, na fotografia, na logística, etc.

Para se evitar o fracasso, as Organizações devem buscar o desenvolvimento de seus produtos atuais, ao mesmo tempo em que investem na prospecção de tecnologias disruptivas.

PLANEJAMENTO ESTRATÉGICO

PERGUNTAS-CHAVE PARA FAZER ANTES DE ENCERRAR O PLANEJAMENTO ESTRATÉGICO

Muitas vezes, todo um esforço aplicado em reuniões e discussões produtivas para criação do planejamento estratégico de uma Organização podem não surtir o efeito desejado, pelo simples fato de não considerar 3 questões fundamentais: razoabilidade, objetividade e comunicação. Para garantir que estes pontos estejam atendidos, devemos fazer 3 perguntas antes de considerarmos o ciclo do planejamento estratégico encerrado. Veja, a seguir, quais são elas:

#1 – O Planejamento estratégico considera um crescimento razoável para os próximos anos, levando-se em conta o mercado e a concorrência?
O planejamento estratégico de uma Organização tem duas funções básicas: a primeira, é claro, estruturar a forma de

PLANEJAMENTO ESTRATÉGICO

crescimento e desenvolvimento da Organização, e, a segunda, propositadamente, impulsioná-la. Portanto, queremos um planejamento estratégico focando o maior crescimento possível, dentro, obviamente, da razoabilidade. Ele deve ser tão ambicioso quanto possível, e tão realista quanto necessário.

#2 – Estão claras as ações que são vitais para a concretização do planejamento?
Ao final do planejamento, devemos ter muito claramente quais são as ações fundamentais para o atingimento dos objetivos-macro do planejamento. São aquelas ações às quais devemos dar atenção redobrada, para que tenhamos a certeza de que transcorram conforme planejado, de modo a não colocar em risco todo o esforço já aplicado pela Organização, e garantir a realização do objetivos iniciais conforme o planejamento.

#3 – Há um plano de ação específico para disseminar os objetivos/ações do planejamento estratégico em todos os níveis da Organização?
Ok, temos um planejamento estratégico bastante razoável, e identificamos todas as ações fundamentais que devem ocorrer, porém, para que tudo isso se realize, devemos mover a Organização numa mesma direção, e conforme planejado. Para isso, precisamos comunicar e envolver todos os membros da Organização. Portanto, deve haver um plano de ação específico para isso de modo que tenhamos toda a Organização engajada na realização do planejamento estratégico.

São, sem dúvida, perguntas simples, mas que já vi serem negligenciadas em importantes Organizações. Não corra esse risco! Antes de considerar um ciclo de planejamento estratégico encerrado, faça essas 3 perguntas-chave e

PLANEJAMENTO ESTRATÉGICO

garanta um caminho próspero na busca dos objetivos maiores da Organização.

PRODUTIVIDADE

5 HÁBITOS PARA AUMENTAR A PRODUTIVIDADE NO TRABALHO!

Um dos maiores desafios do profissional de hoje é ser produtivo, ou seja, usar bem o seu tempo, ser efetivo nas suas ações, e conseguir os melhores resultados, com o menor gasto de energia. Numa pesquisa que o GestaoIndustrial.com fez em 2015, sobre o desperdício de tempo no trabalho, foi apontado pelos respondentes que 61,5% desse desperdício está vinculado a reuniões improdutivas e ao excesso de e-mails.

A palavra-chave quando falamos em produtividade é "hábito", claro, bons hábitos. E o hábito vem da disciplina, determinação, e consciência.

PRODUTIVIDADE

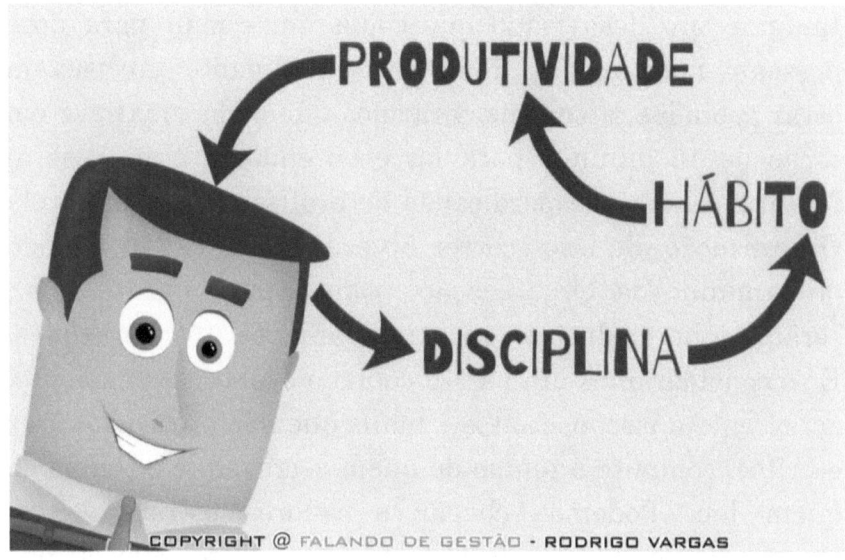

Sendo assim, existem 5 hábitos com incrível potencial de aumentar a produtividade no trabalho, veja-os a seguir:

Hábito 1 – Não mande e-mail, se puder resolver o assunto apenas conversando.

Sejamos honestos, ler a caixa de e-mails é uma das tarefas menos interessantes e das mais improdutivas em uma Organização. Uma pesquisa do GestaoIndustrial.com, de 2012, sobre o uso do e-mail nas Organizações, mostrou que 49% dos respondentes costumam gastar duas horas ou mais com os e-mails. É um exagero, e um paradoxo, pois o e-mail é uma ferramenta para aumentar a produtividade, e não para destruí-la. O e-mail é, na verdade, uma excelente ferramenta, permitindo o envio de documentos, e a comunicação entre pessoas distantes de forma rápida e fácil, no entanto, ele tem sido mal utilizado. Perde-se muito tempo nas Organizações redigindo ou lendo e-mails.

PRODUTIVIDADE

Imagine um desavisado que copia um e-mail para doze pessoas, mas apenas duas delas realmente precisavam estar copiadas, e se considerarmos que cada uma leve em torno de 15 minutos para ler e entender o e-mail, só aí foram 2,5 horas desperdiçadas de profissionais pagos pela Organização. Se isso ocorrer 3 vezes por dia (dependendo do tamanho da Organização, pode ocorrer muito mais), serão 7,5 horas/dia, ou, aproximadamente, 150 horas/mês. E só consideramos um e-mail copiado desnecessariamente, acrescente a isso, os tantos e-mails que não precisavam ser escritos, compute o tempo de quem escreveu, e o tempo de quem leu. Podemos chegar a valores estratosféricos. Considerando a pesquisa sobre o uso do e-mail nas Organizações, observamos que 25% dos respondentes dizem gastar 4 horas ou mais com e-mails. Se considerarmos que metade desse tempo foi desperdício, uma Organização com 100 colaboradores teria desperdiçado 1000 horas de profissionais, no mês. Portanto, para evitar perder o seu tempo, e o de seus colegas, não mande e-mail, se puder resolver o assunto apenas conversando.

Hábito 2 – Se precisar enviar um e-mail, faça um texto tão claro e objetivo quanto possível, e envolva somente as pessoas realmente necessárias.

Ok, você realmente precisa enviar um e-mail. Então, faça um texto objetivo, claro, bem escrito, usando pontos e vírgulas (sim, pontos e vírgulas ajudam muito no entendimento da mensagem), e cuidando para envolver apenas quem deve ser envolvido. Lembre-se que cada

PRODUTIVIDADE

pessoa a mais a quem você envia, será uma pessoa a menos fazendo outra coisa no momento da leitura de seu e-mail. O exagero no "com cópia para" dos e-mails provoca, inclusive, reações do tipo: "Como eu sou copiado em muitos e-mails, eu nem os leio, quando for importante, mandam direto para mim." Isso é real, já constatei em várias das Organizações onde trabalhei, este tipo de comportamento. O problema é que você pensa que o outro está ciente do assunto, mas não está. Isso é uma consequência do exagero, da banalização do uso do e-mail. Existem muitos profissionais que preferem ficar sentados o dia todo só enviando e-mails. Aí, não interage com os colegas, e não dialoga (só por e-mail – aliás, ficar dialogando por e-mail, naquele vai e vem interminável de mensagens é um verdadeiro absurdo e aniquila a produtividade). Portanto, se precisar usar o e-mail, seja objetivo, claro e conciso no texto, e razoável na escolha dos destinatários.

Hábito 3 – Não marque reunião, se puder resolver o assunto indo à mesa de um ou dois colegas.

As reuniões improdutivas aparecem como causa de improdutividade na maioria das pesquisas. O website Salary.com fez uma pesquisa em 2014 e encontrou que o excesso de reuniões foi o segundo item mais apontado como causador do desperdício do tempo. Na pesquisa sobre improdutividade no trabalho, de 2015, do portal GestaoIndustrial.com, as reuniões improdutivas aparecem em primeiro lugar, com 32,3%.

PRODUTIVIDADE

Eu já evitei inúmeras reuniões, apenas indo conversar na mesa de um ou dois colegas. Evitei tanto as reuniões que eu mesmo cogitei marcar, como as reuniões já marcadas. Sim, mesmo reuniões já marcadas por outros colegas, e nas situações que eu percebia serem simples de resolver, eu procurava a pessoa que marcou a reunião, e, no máximo, indo até a mesa de outro determinado colega, resolvíamos a questão (sem precisar da reunião agendada).

Hábito 4 – Se precisar marcar uma reunião, utilize os 8 passos para organizar reuniões eficazes, e os 9 passos para liderá-la

Veja, a seguir, os pontos principais que devemos observar para organizar uma reunião, e para liderá-la:

Os 8 Passos para Organizar uma Reunião

1. Antes de marcar uma reunião, tenha certeza de esgotar todas as possibilidades mais simples, como ir até a mesa de um ou dois colegas e resolver o assunto.
2. Tenha certeza de convocar as pessoas certas, e apenas elas.
3. Deixe bem claro, previamente, o assunto e os objetivos da reunião.
4. Tenha certeza de fornecer, previamente, toda a informação necessária para o participante poder contribuir efetivamente durante a reunião.
5. Estabeleça o tempo de duração da reunião, definindo o horário de início e o de término.

PRODUTIVIDADE

6. Peça um substituto (com poderes delegados), para aqueles que não possam comparecer.
7. Reserve a sala de reuniões, de acordo com a norma da empresa.
8. Envie a convocação de reunião da reunião, com o devido tempo.

Como Liderar Reuniões Eficazmente

1. Comece no horário.
2. Lembre todos sobre o propósito da reunião (assunto e objetivos).
3. Acompanhe o tempo, a agenda e os objetivos.
4. Mantenha a disciplina durante todo o tempo.
5. Obtenha uma decisão dos participantes (quando isso for necessário), utilizando consenso ou votação, o que for mais adequado.
6. Estabeleça ações claras e os respectivos responsáveis.
7. Prepare a ata de reunião.
8. Distribua a ata da reunião.
9. Após a reunião, acompanhe o andamento das ações e decisões da reunião.

Hábito 5 – Não faça navegação improdutiva no horário de trabalho, silencie alguns avisos sonoros do smartphone, e deixe para verificar as redes sociais no horário do almoço.

Na pesquisa de 2014 do Salary.com (IBM), sobre o desperdício do tempo o trabalho (*Wasting Time at Work Survey*), mostrou que o maior desperdício de tempo no

PRODUTIVIDADE

trabalho está relacionado com a navegação na internet. Hoje, além da internet, os aplicativos de mensagens dos *smartphones* também são fontes de desperdício de tempo e, pior ainda, foco de desatenção. Ainda que os aplicativos de mensagens sejam uma boa ferramenta de comunicação, estão sendo mal utilizados, e, com isso, estão seguindo o mesmo caminho desastrado dos e-mails. Há muito exagero no uso desses aplicativos, com um descomunal compartilhamento de fotos e vídeos, de todo tipo, a toda hora. Falta critério, falta bom senso. Aqueles que estão inseridos em vários grupos, nesse tipo de aplicativo de mensagens, podem ficar ouvindo o sinal de chegada de novas mensagens/mídias a todo instante. Coisa semelhante ocorre com os aplicativos de rede social. Dessa forma, se você não silenciar esses avisos, ficará desconcentrado, conscientemente ou não.

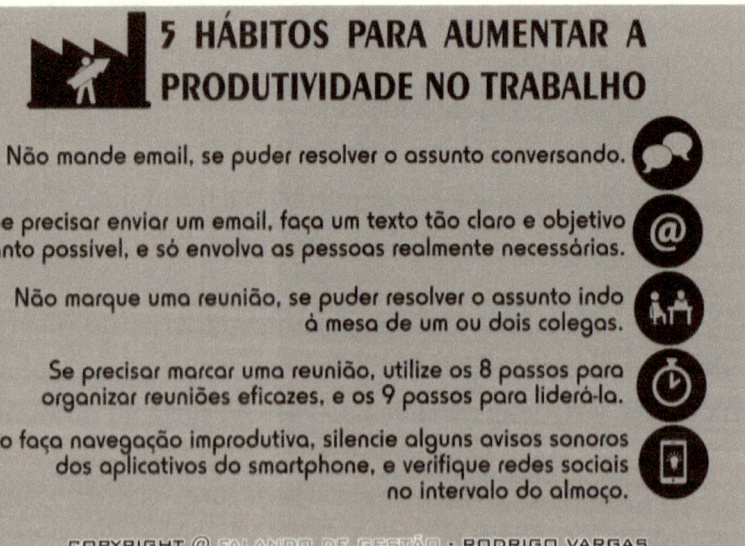

PRODUTIVIDADE

Esses hábitos, ao segui-los, poderão tornar o seu trabalho e de seu colega mais produtivos. A Organização, como um todo, pode aumentar a sua produtividade com campanhas de orientação, e aplicação de normas internas, com o objetivo de disciplinar o comportamento de seus colaboradores, visando a implantação desses hábitos de produtividade. Assim, todos ganham!

PRODUTIVIDADE

A LEI DE PARKINSON E AS HORAS EXTRAS

"O trabalho se estende para ocupar o tempo disponível para sua execução."

A citação acima representa a Lei de Parkinson, concebida por Cyril Northcote Parkinson, um autor e historiador inglês que, em 1955, publicou um artigo na revista The Economist, onde, pela primeira vez, introduziu o esse conceito. Depois, em 1958, publicou o seu livro: *Parkinson's Law – or The Pursuit of Progress*. Parkinson desenvolveu o seu conceito, observando, inicialmente, o trabalho e a produtividade no serviço público britânico. Depois, percebeu que esse conceito se aplicaria também a outras áreas, observando que tarefas simples aumentam de complexidade de acordo com o aumento do tempo dado a

PRODUTIVIDADE

elas. Da mesma forma, quando o tempo de execução da tarefa encurta, o trabalho tende a ser feito de forma mais objetiva. Pela Lei de Parkinson, quando o tempo para a execução de uma tarefa aumenta, a improdutividade vinculada a essa tarefa também tende a aumentar.

A Lei de Parkinson e as Horas Extras

Imagine a seguinte cena: são aproximadamente sete horas da tarde, e ainda vemos alguns colaboradores trabalhando em algumas áreas da empresa. Os gerentes deixam suas mesas e vão para casa felizes, porque sabem que essas pessoas continuarão trabalhando por mais tempo. Considerando que o horário normal de saída do expediente seria 17h ou 18 h, você vê algo errado na cena anterior? Espero que você tenha dito "sim"!

Esta cena é muito típica em um ambiente industrial, e você vai encontrar todas as razões e explicações possíveis para justificar o porquê há um colaborador fazendo hora extra. Mas, afinal, por que são feitas tantas horas extras na Organização? Por que a maioria dos gerentes gosta tanto disso? E finalmente, por que isso está errado?

Siga meu raciocínio, analisando, primeiro, algumas das várias possíveis razões (provavelmente as principais) para se fazer hora extra, depois, as razões pelas quais a maioria dos gerentes gosta tanto disso, e, finalmente, por que isso está errado.

Razões para se fazer horas extras: pedidos em atraso, projetos com atividades em atraso/ou datas apertadas,

PRODUTIVIDADE

problemas de fabricação, trabalhos fora da rotina, relatórios urgentes, análises extraordinárias, trabalhos atrasados em geral, colaborador que quer apenas parecer comprometido perante o chefe, colaborador que quer engordar o salário no final do mês, e tudo o que (aparentemente) não cabe dentro do horário normal de trabalho.

Razões para a maioria dos gerentes gostar tanto das horas extras na sua área: a razão mais sensata é a que não houve tempo disponível durante o horário normal e, por necessidade, precisou-se da hora extra. Porém, muitos gestores gostam de ver seu pessoal em hora extra, principalmente, porque isso faz parecer que sua equipe é comprometida e dedicada ao trabalho (e isso conta pontos a favor dele, pelo menos, é o que pensa esse tipo de gerente).

Razões pelas quais fazer horas extras é (na maior parte das vezes) errado e improdutivo: Já vimos que a Lei de Parkinson nos diz que o trabalho tende a se estender de acordo com o tempo para sua execução, portanto, no caso geral, horas extras tendem a ser improdutivas. Ainda que, em muitas situações, trabalhos sejam terminados, relatórios sejam preenchidos, análises sejam feitas, as horas extras colaboraram para o aumento da improdutividade. Claro que, estamos no mundo real, e em algumas situações, não é apenas aceitável fazer horas extras, como é necessário (recuperar a produção para não atrasar uma entrega, por ex.). A questão aqui é, sobretudo, o excesso de horas extras, a repetição rotineira de horas extras, e a falta de ações para evitá-las.

PRODUTIVIDADE

Além da Lei de Parkinson, que nos alerta para a improdutividade advinda da extensão do tempo para a execução de um trabalho, há um interessante estudo (que, na verdade, é uma análise crítica de vários estudos sobre os efeitos das horas extras) do Departamento Americano de Saúde e Serviços Humanos, "Overtime and Extended Work Shifts: Recent Findings on Illnesses, Injuries, and Health Behaviors", de 2004, que reforça o que já foi dito, mostrando que, em 16 de 22 estudos abordando efeitos gerais na saúde, a hora extra foi associada com um enfraquecimento geral da saúde, e um aumento nas taxas de lesões no trabalho. Além disso, percebeu-se um padrão de piora do desempenho em testes psicofisiológicos relacionado ao trabalho em horas extras, especialmente com turnos de 12 horas combinados com mais de 40 horas de trabalho por semana.

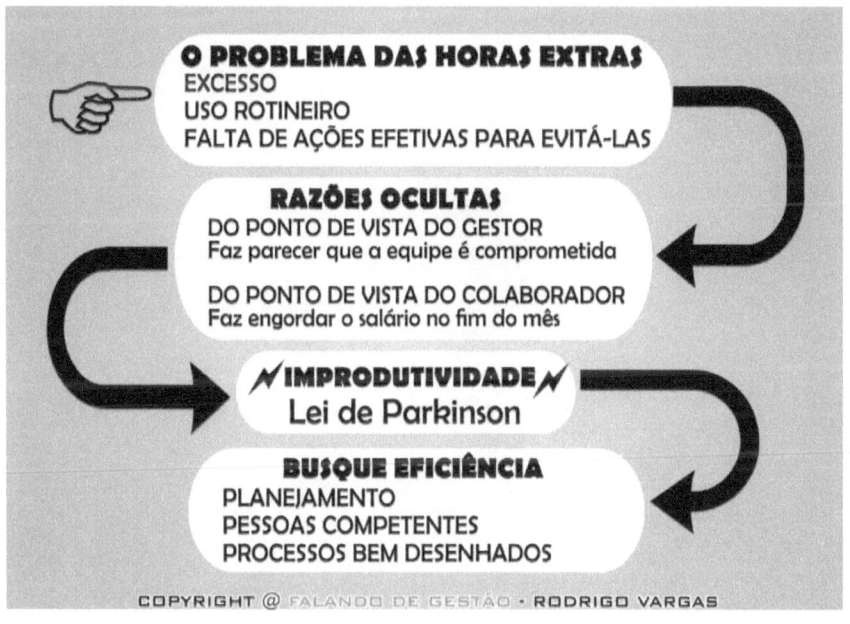

PRODUTIVIDADE

Busque Eficiência

A maioria das razões para as horas extraordinárias poderiam ser evitadas com uma gestão adequada, bons processos, planejamento, e pessoas com as competências certas, além de bom senso, é claro. O fato é que as horas extras devem ser exceção, e não regra. Portanto, a próxima vez que você vir pessoas fazendo hora extra, ou tiver que autorizar algum trabalho em hora extra, reflita um tanto a mais, entenda as razões, e as causas dessas razões. Lembre-se da Lei de Parkinson, que diz que o trabalho se estende para ocupar o tempo disponível para sua execução, portanto, horas extras, em geral, são improdutivas, ou, no caso da área de Manufatura (Produção), podem ser, além de ineficientes, um sério risco de problemas de qualidade e de desgaste dos trabalhadores.

PRODUTIVIDADE

O EFEITO HAWTHORNE E A PRODUTIVIDADE NAS ORGANIZAÇÕES

Em 1924, o Conselho Nacional de Pesquisa dos Estados Unidos (National Research Council) iniciou, na fábrica de Hawthorne, da Western Electric Company, em Chicago, uma série de experimentos para verificar o quanto a iluminação afetava a produtividade. Verificou-se que a cada alteração na iluminação, houve melhora na produtividade, porém, ao se retornar às condições de iluminação iniciais, a produtividade continuou alta, indicando que a atenção dada ao ambiente de trabalho era o fator preponderante, e não a luminosidade em si. Ao longo dos anos, os estudos e experimentos em Hawthorne, que se prolongaram até 1932, ampliaram bastante o foco inicial, abordando também aspectos de duração do trabalho, intervalos, incentivos, e outras questões

PRODUTIVIDADE

relevantes para os colaboradores, tendo, inclusive a participação de Elton Mayo (psicólogo, sociólogo, pesquisador e professor da Harvard Business School), e tornando-se um marco no estudo de produtividade no trabalho, ao lado dos estudos de Frederick Taylor – Os Princípios da Administração Científica no Trabalho, publicados em 1911 (enquanto Taylor focou mais o indivíduo, os estudos em Hawthorne focaram mais o grupo, e os aspectos sociais envolvidos).

Dos estudos, surgiu o conceito de efeito Hawthorne: *"O efeito Hawthorne é a mudança de comportamento que os indivíduos têm pelo fato de saberem que estão sendo foco de atenção."* Existem diferentes versões (não há uma versão oficial) em relação ao efeito Hawthorne, ainda que girem, obviamente, em torno do mesmo ponto. Segundo o dicionário britânico Oxford: *"O efeito Hawthorne é a mudança de comportamento que os indivíduos em estudo têm pelo fato de saberem que estão sendo observados*, em tradução livre do texto original em inglês: *"The alteration of behaviour by the subjects of a study due to their awareness of being observed"*. O dicionário americano Merrien-Webster diz: *"O efeito Hawthorne é o estímulo ao resultado e à realização que advém do simples fato de estar sob observação"*, em tradução livre do texto original em inglês: *"The stimulation to output or accomplishment that results from the mere fact of being under observation"*. Além disso, os vários autores que estudaram o tema, produziram outras versões, ainda que próximas. No trabalho de Ryan Olson, Jessica Verley, Lindsey Santos, e Coresta Salas (Universidade de Santa

PRODUTIVIDADE

Clara – 2004), publicado na Sociedade de Psicologia Industrial e Organizacional (Society for Industrial and Organizational Psichology), podemos ver uma tabela com 13 variações da definição do efeito Hawthorne, referente a vários autores.

Ainda que seja uma das mais famosas e conhecidas pesquisas sobre produtividade no trabalho, pioneira no aspecto sociológico, recebe algumas críticas pela forma de aplicação e validação dos testes, pelo que resulta em questionamentos sobre seus resultados, como feito no artigo de Steven D. Levitt e John A. List, de 2011, intitulado *"Existia Mesmo um Efeito Hawthorne na Fábrica de Hawthorne? Uma Análise dos Experimentos Originais de Iluminação"* (*Was There Really a Hawthorne Effect at the Hawthorne Plant? An Analysis of the Original Illumination Experiments*).

Segundo a Enciclopédia Britânica, os principais achados dos estudos em Hawthorne são:

- A produtividade é fortemente influenciada pelos fatores sociais, mais do que simplesmente a competência do trabalhador;
- As relações informais entre os trabalhadores influenciam o desempenho e a produtividade. A forma com que a chefia trata o subordinado é muito relevante para o resultado;
- Os grupos de trabalho são regidos por quotas de trabalho informais, criando barreiras para ultrapassar o que seria o "trabalho justo para um dia";

PRODUTIVIDADE

- O ambiente de trabalho é um sistema social, onde os fatores sociais e psicológicos são mais importantes para o atingimento dos resultados do que benefícios oferecidos, ou as horas trabalhadas.

Apesar da controvérsia, em que se discutem sua metodologia e resultados, os estudos de Hawthorne são um dos mais importantes na área social, não apenas pelo pioneirismo, mas pela influência que tem até os dias atuais.

PRODUTIVIDADE

O QUE REALMENTE IMPULSIONA OS RESULTADOS DA ORGANIZAÇÃO?

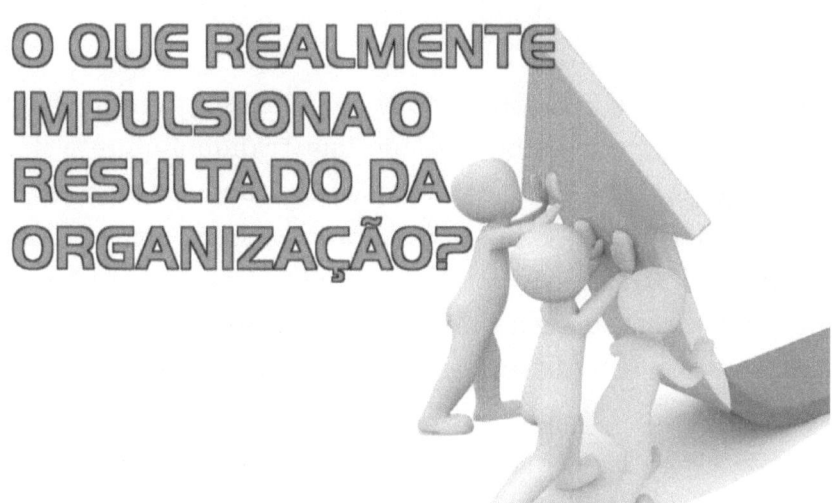

Esqueça os altos salários e bônus astronômicos, esqueça os estrelismos, esqueça qualquer poder mágico especial, o segredo para a excelência Organizacional pode estar bem na sua frente.

Tem tudo a ver com gestores e líderes!

Sim, embora as novas tecnologias, os programas de treinamento, e o redesenho de processos contribuam para melhorar os resultados e aumentar a produtividade, nada é mais decisivo e poderoso para impulsionar os resultados da Organização do que a atuação de gestores e líderes eficazes. Isso é o que eu chamo de "Efeito Gestão". Considerando a gestão e a liderança como uma influência positiva nos membros da equipe, estimulando-os a

PRODUTIVIDADE

desafiarem a si mesmos, a serem mais produtivos e a trabalharem de forma comprometida, podemos dizer que gestores e líderes eficazes são os fatores-chave que determinam os resultados da Organização.

Minha experiência me mostrou vários exemplos que corroboram o que estou dizendo, mostrando o quanto uma boa gestão influencia a atitude da equipe, e o comprometimento com os resultados. Uma vez, em uma indústria automotiva, uma trabalhadora da linha de montagem notou uma diferença no tratamento superficial em um novo lote de um determinado tipo de parafusos. A diferença era realmente sutil, tinha o mesmo tamanho e forma, mas um aspecto diferente no tratamento de superfície. Este parafuso passou pelos procedimentos de qualidade de entrega do fornecedor, passou pelo processo de recebimento na fábrica, passou pela inspeção de qualidade, mas não passou pelo olho comprometido de uma montadora da linha de montagem. Adivinhe onde tínhamos um grande gestor trabalhando? Sim, na linha de montagem.

Estudos mostram correlação entre liderança eficaz e resultado organizacional!

O estudo "Liderança e Trabalho em Equipe: Os Efeitos da Liderança e Satisfação no Trabalho no Sentimento da Equipe" (*Leadership and Teamwork: The Effects of Leadership and Job Satisfaction on Team Citizenship*), publicado em 2007, foi conduzido por Seokhwa Yun (Universidade de Seul), Jonathan Cox (Houston, TX),

PRODUTIVIDADE

Henry P. Sims Jr. & Sabrina Salam (Universidade de Maryland), e avaliou os cinco arquétipos de liderança: liderança aversiva (os líderes usam métodos aversivos como repreensão ou intimidação), liderança diretiva (líderes tomam decisões, dão comandos e esperam que empregadores executem as decisões), liderança transacional (líderes se envolvem em relações de troca com funcionários, negociando e fornecendo estrategicamente recompensas em troca do cumprimento de metas), liderança transformadora (líderes inspiram, estimulam, motivam e desafiam funcionários), liderança empoderadora (líderes promovem autoinfluência e autogestão). Os resultados sugeriram que **a liderança transformadora e empoderadora são os tipos mais eficazes** para a orientação das equipes, os outros estilos de liderança não tiveram efeitos significativos (liderança diretiva e transacional) ou tiveram um efeito negativo (liderança aversiva) **e a pesquisa sustenta a noção de que a liderança transformadora e capacitadora pode melhorar o trabalho em equipe através da influência na satisfação no trabalho.**

Outro estudo chamado "O Efeito dos Estilos de Liderança sobre o Desempenho Organizacional em Empresas Estatais no Quênia" (*The Effect of Leadership Styles on Organizational Performance at State Corporations in Kenya*), de Peris M. Koech & Prof. G.S Namusonge, publicado em 2012, foi realizado em 30 empresas estatais com sede em Mombasa, no Quênia. Este estudo estendeu-se aos gerentes de nível médio e superior e dividiu a liderança em transformadora (os líderes incentivam os

PRODUTIVIDADE

membros a ir além de seus limites, com um sentimento de confiança, admiração, lealdade e respeito em relação aos líderes), <u>transacional</u> (os líderes se concentram principalmente nas necessidades dos funcionários e a relação é baseada na troca ou recompensa de barganha) e <u>laissez-faire</u> (o líder não intervém nos assuntos de trabalho dos subordinados e evita responsabilidades). Os **resultados mostraram que as correlações entre a liderança transformadora e o desempenho organizacional eram altas**, as correlações entre a liderança transacional e o desempenho organizacional eram relativamente baixas, e o estilo de liderança do laissez-faire não estava significativamente correlacionado ao desempenho organizacional.

O estudo "Comportamentos de Liderança: Efeitos sobre a satisfação no trabalho, produtividade e comprometimento organizacional" (*Leadership behaviours: Effects on job satisfaction, productivity and organizational commitment*), publicado em 2001 por Jennifer C F Loke (Universidade de Hull- Reino Unido), realizado em organizações de saúde, em Cingapura, é uma replicação de estudos anteriores realizados nos Estados Unidos (Seattle e Los Angeles). Houve algumas diferenças na amostragem e na configuração, no entanto, os resultados são semelhantes aos estudos originais, ou seja, **a produtividade e a satisfação no trabalho dos colaboradores, e o comprometimento organizacional, apresentaram uma correlação estatística com o comportamento das lideranças**.

PRODUTIVIDADE

Outro estudo, "Como a liderança importa: Os efeitos do alinhamento dos líderes na implementação da estratégia" (*How leadership matters: The effects of leaders' alignment on strategy implementation*), de Charles A. O'Reilly (Universidade de Stanford), David F. Caldwell (Universidade de Santa Clara), Jennifer A. Chatman (Universidade da Califórnia), Margaret Lapiz (Grupo Médico Permanente-EUA), William Self (Universidade da Califórnia), publicado em 2009, analisou uma grande organização de saúde que fornece assistência médica a mais de um milhão de membros e **mostrou um efeito de interação altamente significativo entre a liderança eficaz e o desempenho dos colaboradores**.

O Efeito Hawthorne (que acabamos de ver no capítulo anterior) é outro estudo importante realizado na empresa Hawthorn Works (Chicago, Illinois) e diz, basicamente, que as pessoas mudam e melhoram seu comportamento em resposta à sua consciência de serem observadas. Para gestores e líderes, é outra mensagem clara de que boa influência pode levar a bons resultados. Mas, quem nunca percebeu isso?

PRODUTIVIDADE

Um gestor eficaz constrói um relacionamento de confiança e respeitoso com os membros da equipe, orientando-os, desafiando-os a assumirem desafios, e conduzindo-os às conquistas. Outra coisa, muito importante, ele desenvolve os membros da equipe que têm potencial, e substitui os que não têm desempenho.

Ter gestores e líderes eficientes não é a única maneira de melhorar os resultados Organizacionais, mas é a mais poderosa! Você provavelmente já pensou em melhorar o desempenho organizacional redesenhando processos ou implementando novas tecnologias, o que está correto, mas recomendo enfaticamente começar pelas lideranças, e o mais correto ainda, é fazê-lo de cima para baixo, do CEO ao chão de fábrica.

QUALIDADE

COMPARATIVO HISTÓRICO DOS PROGRAMAS DE QUALIDADE

Controle da Qualidade Total, Lean Manufacturing, Zero Defeito, Gestão da Qualidade Total, Manutenção Produtiva Total, Teoria das Restrições, Six Sigma, são, provavelmente, os mais conhecidos Programas de Qualidade, mas, para os menos envolvidos, pode haver alguma confusão entre eles. Pensando nisso, fiz um comparativo histórico com as características principais de cada um.

TQC – Controle da Qualidade Total

O TQC (*Total Quality Control*) tem uma das origens mais remotas, desde o desenvolvimento, em 1924, das técnicas de controle estatístico do processo (CEP) do engenheiro americano Walter Shewhart. O objetivo maior do TQC é

QUALIDADE

garantir o cumprimento dos requisitos de qualidade do produto. Armand Feigenbaum desenvolveu os princípios do TQC enquanto trabalhava na General Electric. Ele introduziu os conceitos do TQC pela primeira vez através de um artigo em 1946, e depois, em 1951, já doutorando pelo MIT (Instituto de Tecnologia de Massachusetts) publicou seu famoso livro *Total Quality Control*. Os pontos principais estabelecidos e sistematizados pelo Dr. Feigenbaum foram: *new-design control* (controle de novos projetos), *incoming-material control* (controle de material recebido), *product control* (controle de produto), e *special process studies* (estudos de processos especiais).

Lean Manufacturing

Provavelmente, o mais popular de todos os Programas de Qualidade, o Lean Manufacturing (nome com o qual ficou conhecido no ocidente o Sistema Toyota de Produção) nasceu no Japão, baseado em dois conceitos da família Toyoda. Primeiro o Jidoka, idealizado por Sakichi Toyoda (ainda para a sua fábrica de teares), que preconizava que a máquina deveria parar quando houvesse algum problema, evitando que produtos defeituosos fossem fabricados, de tal modo que o homem pudesse intervir e corrigir o problema. Mais tarde, em 1938 (ano seguinte à fundação da Toyota Motor), Kiichiro Toyoda (fundador e filho de Sakichi) concebeu o Just-in-Time, que é uma filosofia de trabalho que visa combater os desperdícios. Mais tarde, se juntaram ao time o engenheiro Taiichi Ohno, que desenvolveu o *Kan-Ban*, um sistema de puxar material somente na real necessidade (sistema esse inspirado no modelo de

QUALIDADE

supermercado); e o engenheiro Shigeo Shingo, um especialista em práticas de manufatura que, entre outras coisas, criou o *Poka-Yoke*, um dispositivo à prova de erro que evita que o operador execute determinada ação errada. Embora Taiichi Ohno tenha escrito vários livros sobre o Sistema Toyota de Produção (ou Lean Manufacturing), o mais conhecido parece ser o livro "A Máquina que Mudou o Mundo", de James Womack, Daniel Jones, e Daniel Roos, publicado em 1990, sendo grande responsável pela disseminação dos conceitos de produção da Toyota.

TPM – Manutenção Produtiva Total

O TPM vem das iniciais do inglês Total Productive Maintenance, e nasceu na década de 60, dentro da Nippondenso (hoje, Denso Corporation), uma fornecedora da Toyota, que desenvolveu um sistema em que o próprio operador era responsável pela manutenção mais simples do equipamento. Com isso, o operador crescia em responsabilidade, pois, no caso de falha do equipamento, ele seria o primeiro a fazer uma intervenção, e, por conseguinte, ficava, também, mais interessado em cuidar do equipamento. Foi uma quebra de paradigmas, que resultou em redução de perdas de tempo devido ao equipamento parado. Com o passar do tempo, o sistema se desenvolveu e ganhou contornos de gerenciamento.

TQM – Gestão da Qualidade Total

O TQM (Total Quality Management) tem suas origens no próprio TQC. Os grandes nomes desse programa foram W.

QUALIDADE

Edwards Deming, e Joseph Juran, que foram ao Japão do pós-guerra trabalhar para ajudar a reconstruir a economia do país, focando em aumentar a qualidade e a produtividade das fábricas de lá, atuando na melhoria de seus projetos e de seus processos. Dos estudos de Deming, são importantes os seus 14 pontos de gestão, e de Juran, a trilogia da qualidade (planejamento, controle e melhoria da qualidade), além dos seus 10 princípios da gestão voltada à qualidade. Um dos livros referência em TQM é o *Out of Crisis*, do Deming, publicado em 1982.

Zero Defeito

O Zero Defeito é um programa de qualidade que visa eliminar os defeitos no contexto da produção industrial, mas não significa que os erros nunca aconteçam, mas sim, que não existirá uma quota de erros admissíveis, e que o objetivo é fazer certo da primeira vez. O "Zero Defeito" tem suas origens num trabalho realizado pelo Departamento de Defesa Americano que, em 1968, publica o relatório técnico intitulado "Zero Defects – The Quest for Quality" (em tradução livre: Zero Defeito – A Busca por Qualidade). Esse relatório é um conjunto de artigos que promovem a qualidade e o programa "Zero Defeito", estimulando o seu uso na indústria bélica. No início da década de 1970, Philip Crosby, na época gerente da Qualidade da empresa Martin-Marietta (fusão da Martin Company com a American-Marietta Corporation) fabricante de produtos aeroespaciais e eletrônicos, lança o programa "Zero Defeito" e os seus 14 passos para implementação, além dos seus pontos fundamentais: conformidade com os requisitos,

QUALIDADE

o sistema da qualidade deve ser voltado à prevenção (e não avaliação), a meta padrão deve ser zero defeito, e o desempenho deve ser medido pelo custo da não qualidade. Em 1979, Philip Crosby, já como vice-presidente do conglomerado ITT, lança o livro "Quality is Free".

TOC – Teoria das Restrições

O TOC (Theory of Constrains) é um conceito que foi introduzido por Eliyahu Goldratt, no seu livro "A Meta", publicado em 1984. O TOC preconiza a eliminação das restrições do processo produtivo para aumentar a sua eficiência. Eliyahu inspirou-se na análise da linha de produção de Ford, que fluía até que um dos pontos de trabalho estivesse lotado, interrompendo, então, o fluxo produtivo. Eliyahu observou também o trabalho de Ohno no Sistema Toyota, e percebeu que os conceitos que Ford introduziu em seu processo produtivo não estavam restritos à produção em massa de um único produto, mas sim, poderiam ser adotados em outros sistemas de produção. O TOC estabelece que um sistema de produção é como uma corrente, que é tão forte quanto o seu elo mais fraco, ou seja, a produção fluirá tanto quanto a maior restrição permitir.

Six Sigma

O Six Sigma é uma metodologia de melhoria de processos que estabelece um padrão de qualidade igual a 3,4 DPMO (defeitos por milhão de oportunidades). Foi desenvolvido

QUALIDADE

na Motorola, no início da década de 80, tendo como seus principais articuladores os engenheiros Bill Smith, que desenvolveu o método estatístico para análise, e Mikel Harry, que estabeleceu o roteiro de trabalho MAIC – *Measure, Analize, Improve, Control* (hoje, DMAIC, com a inclusão do passo Define). Um dos livros mais significativos do Seis Sigma é o *Six Sigma: The Breakthrough Management Strategy Revolutionizing the World's Top Corporations,* publicado em 2000, por Mikel Harry e Richard Schroeder.

QUALIDADE

COMPARATIVO HISTÓRICO DOS PROGRAMAS DE QUALIDADE

	OBJETIVO	ORIGENS	PRINCIPAIS NOMES	PRINCIPAIS LIVROS
LEAN MANUFACTURING	REDUZIR DESPERDÍCIO (Defeitos, estoque, produção, transportes, movimentação, tempos, super-processamento)	JIT (Toyota) SISTEMA PUXADO DE SUPERMERCADO (1938/1948)	SAKICHI TOYODA (Jidoka) KIICHIRO TOYODA (JIT) TAIICHI OHNO (Kan-ban) SHIGEO SINGO (Poka-yoke)	A Máquina que Mudou o Mundo - James P. Womack, Daniel T. Jones, and Daniel Roos - 1990
TQC (CONTROLE DA QUALIDADE TOTAL)	CUMPRIR OS REQUISITOS DA QUALIDADE	CONTROLE ESTATÍSTICO DE SHEWHART (1924/1951)	WALTER SHEWHART (Controle estatístico) ARMAND FEIGENBAUM (Sistematização)	Total Quality Control - Armand Feigenbaum - 1951
TPM (MANUTENÇÃO PRODUTIVA TOTAL)	REDUZIR PERDAS (Acidentes, defeitos, quebras)	MANUTENÇÃO PREVENTIVA (Nippondenso) (1960/1971)	SEIICHI NAKAJIMA	Introduction to TPM: Total Productive Maintenance - Seiichi Nakajima - 1988
TQM (GESTÃO DA QUALIDADE TOTAL)	MELHORAR CONTINUAMENTE	TQC (1951/1982)	JOSEPH MOSES JURAN (Trilogia da Qualidade) W. EDWARDS DEMING (14 Pontos de Gestão)	Out of Crisis - W. Edwards Deming - 1982
ZERO DEFEITO	ZERO DEFEITO (conformidade com os requisitos, sistema voltado à prevenção, meta padrão zero defeito, desempenho medido pelo custo da não qualidade)	RELATÓRIO TÉCNICO DO DEPTO DE DEFESA AMERICANO SOBRE ZERO DEFEITO (1968)	PHILIP CROSBY	Quality is Free: The Art of Making Quality Certain - Philip Crosby - 1979
TOC (TEORIA DAS RESTRIÇÕES)	ELIMINAR RESTRIÇÕES DO PROCESSO PRODUTIVO	REANÁLISE DA LINHA DE PRODUÇÃO DE FORD E DO JUST-IN-TIME (1984)	ELIYAHU M. GOLDRATT	A Meta - Eliyahu Goldratt e Jeff Cox - 1984
SIX SIGMA	MELHORIA DE PROCESSOS (3,4 DPMO)	ANÁLISE ESTATÍSTICA PARA MELHORAR A QUALIDADE (Motorola) (1980/1986)	MIKEL HARRY (Roteiro) BILL SMITH (Análise)	Six Sigma: The Breakthrough Management Strategy Revolutionizing the World's Top Corporations - Mikel Harry e Richard Schroeder - 2000

COPYRIGHT @ FALANDO DE GESTÃO - RODRIGO VARGAS

QUALIDADE

É claro que o tema da Qualidade não se esgota somente com esses 7 programas, pois ele é um dos mais amplos da indústria, porém, estes parecem ser os principais e mais utilizados. Optamos por não incluir a ISO 9001 nesse comparativo, pois, ainda que seja um sistema de gestão da qualidade, é uma norma de padronização. Lembre-se de que as ferramentas da qualidade têm o seu benefício, porém, é importante que os programas de qualidade sejam introduzidos para resolver um problema, e não para se tornar um problema.

QUALIDADE

O PRINCÍPIO DOS 3 "GEN" PARA A SOLUÇÃO DE PROBLEMAS

A Toyota é famosa pelo seu sistema de produção, conhecido mundialmente por Lean Manufacturing, e, dentre as suas várias facetas, o princípio (ou filosofia, como a própria Toyota se refere) dos 3 "GEN" é um aspecto bastante interessante, e que merece ser incorporado ao dia a dia das Organizações.

Os 3 "GEN" são:

- GENBA: significa "local real", ou seja, é onde as coisas acontecem, e, numa Organização industrial, é conhecido como chão de fábrica. O pensamento Genba implica que as ações e processos sejam tão transparentes quanto possível, pois essa visibilidade permite identificar áreas onde melhorias potenciais

QUALIDADE

possam ser feitas, bem como, encontrar as melhores soluções para os problemas. Além disso, o Genba significa estar efetivamente no local onde haja o foco de atenção, vivenciando seus os processos.
- **GENBUTSU**: quer dizer "o produto real", ou seja, é o objeto de análise. Significa ter contato, conhecer, experimentar, testar e analisar a peça ou produto que se quer encontrar a solução para algum problema, ou executar determinada melhoria.
- **GENJITSU**: quer dizer "realidade", e significa conhecer os fatos relacionados ao que se está estudando. Consiste em, objetivamente falando, analisar os fatos mais recentes e mais vinculados ao objeto de nossa atenção.

O PRINCÍPIO DOS 3 "GEN"
AS 3 "REALIDADES"

GEN-BA ⇨ LOCAL REAL ⇨ A ANÁLISE É FEITA ONDE O PROBLEMA OCORRE

GEN-BUTSU ⇨ PRODUTO REAL ⇨ A ANÁLISE É FEITA SOBRE O PRODUTO REAL

GEN-JITSU ⇨ DADOS REAIS ⇨ A ANÁLISE É FEITA CONSIDERANDO DADOS REAIS

COPYRIGHT @ FALANDO DE GESTÃO - RODRIGO VARGAS

Não devemos confundir esses 3 "GEN", que chamamos de princípios, com a metodologia de solução de problemas (MASP ou 8D), porque, enquanto os primeiros significam

QUALIDADE

uma filosofia, um modo de agir, os segundos são ferramentas ou roteiros, ou seja, se referem a forma de agir.

QUALIDADE

OS 7 MANDAMENTOS DA QUALIDADE

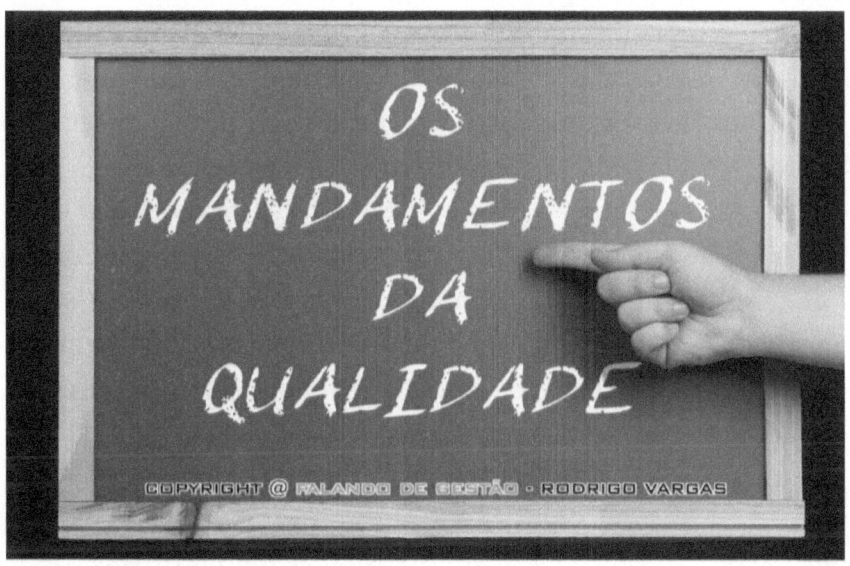

A minha experiência de muitos anos de gestão na indústria me mostrou que existem alguns mandamentos que devem ser obedecidos dentro de uma Organização, a fim de que consigamos obter a tão desejada (e mais do que nunca, necessária) qualidade. Vou enumerá-los, a seguir:

#1 – Lideranças Comprometidas

Não conheço nenhum trabalho voltado à qualidade que resista às lideranças que não tem, verdadeiramente, compromisso com a qualidade. Os noticiários têm vários exemplos de casos de problemas de qualidade envolvendo fraudes e falhas graves de segurança, em grandes montadoras, que é difícil acreditar que aconteceriam se houvesse lideranças comprometidas.

QUALIDADE

Veja o caso da Volkswagen: em 2015, o governo americano acusou a Volkswagen de fraudar resultados de testes de emissões em motores a diesel. Foi descoberto um software incorporado ao módulo central do veículo que, percebendo o carro em teste, alterava as condições de funcionamento do motor, para emitir menos emissões. Segundo a própria Volkswagen, esse software estava embarcado em 11 milhões de veículos. O resultado foi a renúncia do então presidente mundial, Martin Winterkorn, poucos dias depois. Mas isso não é nada comparado à perda de prestígio da marca, e às multas recebidas (em 2017 a VW fechou um acordo nos EUA para pagamento de 4,3 bilhões de dólares, e em 2018, foi multada, na Alemanha, em 1 bilhão de Euros). Sem dúvida alguma, o investimento no desenvolvimento de um motor menos poluente teria sido muito mais barato, e muito mais digno.

Contudo, este, não é um caso isolado, outras grandes montadoras tiveram seríssimos problemas de qualidade, com repercussões ainda mais graves, causando acidentes fatais e recalls em larga escala. Sem dúvida, problemas podem ocorrer, pois, como diz o ditado: "só não erra quem não faz!", mas, sobre todos esses casos, a pergunta que fica é quantos deles poderiam ter sido evitados com lideranças realmente comprometidas com a qualidade. Por isso, para bons resultados, o primeiro mandamento é que as lideranças sejam, **verdadeiramente**, comprometidas com a qualidade.

Como é na sua empresa?

QUALIDADE

#2 – Treinamento Contínuo

É de suma importância treinar a equipe de colaboradores para buscar a excelência e a qualidade superior. Quando falamos de treinamento, nos referimos aos treinamentos *on the job*, aos treinamentos sobre os processos de manufatura, mas também aos treinamentos teórico-práticos sobre ferramentas e metodologias da qualidade, pois isso aumenta a consciência da qualidade e induz o comprometimento.

Um consultor e escritor americano chamado Zig Ziglar, já falecido, costumava dizer (em tradução livre): "A única coisa pior do que treinar seu pessoal e perdê-lo é não o treinar e mantê-lo."

#3 – Estabelecimento de um Sistema de Gestão da Qualidade

Todas as ações da qualidade dentro da Organização devem ser gerenciadas e mantidas através de um sistema de gestão, desenhado de forma objetiva, devendo ser tão simples quanto possível, e tão elaborado quanto necessário. Um dos sistemas de gestão da qualidade (SGQ) mais utilizados é o proposto pela norma ISO 9001, o problema é que, infelizmente, muitas Organizações buscar essa certificação apenas vislumbrando questão comercial (pelo fato de poder dizer que têm certificação), ou para cumprir a exigência de um cliente, e, assim, a implantação é desastrosa e, praticamente, inútil. Seja qual for o SGQ

QUALIDADE

escolhido, a sua implantação deve ser inteligente, buscando, **efetivamente**, obter ganhos em qualidade.

#4 – Utilização de Ferramentas da Qualidade

São várias as ferramentas de qualidade que podemos (e devemos) utilizar na Organização, e que irão nos ajudar a evitar, tratar, ou resolver problemas relacionados com a qualidade, entre elas podemos citar: gráficos de Pareto, diagramas de causa e efeito, diagramas de dispersão ou correlação, gráficos de controle (CEP), folhas de verificação, MASP, FMEA, etc. A utilização destas ferramentas e metodologias deve ser orgânica e natural, ou seja, um recurso de dia a dia, em que se lança mão na medida da necessidade, e com todos os envolvidos devidamente treinados no seu uso e entendimento (todos têm que entender a função e funcionamento dessas ferramentas, inclusive os operadores e montadores do chão de fábrica, pois ninguém poderá dizer: "mas o que é isso?", ou "o que ele está fazendo?") para que surtam os bons resultados.

#5 – Melhoria Contínua de Produtos e Processos

O produto (e seu processo) deve ser melhorado, não apenas para reduzir custo, como pensam diretores bitolados, mas também, com o objetivo de garantir a qualidade desejada pelo público ao qual esse produto se enquadra. Portanto, melhorar tanto o produto, quanto os processos relacionados a ele, deve ser um trabalho

QUALIDADE

incessante dentro da Organização, pois isso caminha na mesma direção da qualidade.

#6 – Grupo de Colaboradores Comprometidos

Imagine a seguinte situação: dois montadores numa linha de produção, os dois têm o mesmo salário, mas um deles demonstra cuidado e atenção na montagem do produto e um interesse maior em aprender, o outro, não. O primeiro é comprometido, o segundo, não. Eu já presenciei isso várias vezes, e, você, provavelmente já tenha percebido também, esse tipo de situação. Esse tipo de situação é danosa por dois motivos simples: o primeiro porque o funcionário não comprometido é um risco para a qualidade, e o segundo, porque ele pode contaminar, ou desestimular os demais que são comprometidos. Pois bem, os gestores devem procurar selecionar adequadamente suas equipes, substituindo quem for preciso, na medida da necessidade, com o objetivo de criar uma equipe de colaboradores comprometidos com a qualidade.

#7 – Exigência de Padrões de Qualidade aos Fornecedores

Deve-se estender os padrões de qualidade exigidos pelo cliente a toda a cadeia de fornecedores, caso contrário, todo um esforço da Organização em prol da qualidade pode sucumbir por conta de um único fornecedor despreparado. Os fornecedores devem fazer parte, de um modo ou de outro, do SGQ da Organização, de modo que se possa obter da cadeia de suprimentos o nível de qualidade desejado.

QUALIDADE

Lembre-se de que a corrente é tão forte quanto seu elo mais fraco!

Obviamente, esses não são os únicos pontos a se considerar na busca da qualidade, mas são aqueles que eu, na minha longa jornada como gestor industrial, considero como sendo os mais importantes!

QUALIDADE

POR QUE A MAIORIA DOS PROGRAMAS DE QUALIDADE FRACASSAM?

A novidade vem primeiro do CEO para os Gerentes, e depois, destes, para suas equipes:

– *Precisamos indicar algumas pessoas da nossa área para iniciar um novo treinamento para a implantação de um novo Programa de Qualidade.*

As pessoas se entreolham e, tentando entender exatamente do que se trata, começam a pensar a respeito. As pessoas são escolhidas, os treinamentos realizados e, agora, a pior parte! O gerente fala com a equipe:

–*Pessoal! Nosso CEO quer mostrar ao conselho alguma redução de custos obtida com o novo Programa de Qualidade.*

QUALIDADE

Quem pode acreditar que isso realmente vai dar certo? Sim, é só mais uma história de fracasso na implementação de um Programa de Qualidade.

Por que Fracassam a Maioria dos Programas de Qualidade?

No exemplo anterior, vimos uma **comunicação errada** (faz-se um alarde ao anunciar o novo Programa, não se explica devidamente, e vende-se a ideia de que ele é uma maravilha, no entanto, no início, vai apenas tomar mais tempo de todos), **forma de implantação errada** (inicia-se os Programas com uma extensão e amplitude muito grandes, desfavorecendo o controle e aceitação!), e ainda, houve **falta de amadurecimento** (não se aguarda o tempo da curva de aprendizado. É como na natureza, se você quiser colher o fruto antes da hora, vai comê-lo azedo!). Quando os profissionais estão ainda se adaptando à nova ferramenta, a alta direção da empresa já está cobrando resultados. Infelizmente, isso ocorre em inúmeras Organizações. Sabemos que a grande maioria delas busca implementar um novo Programa de Qualidade para melhorar qualidade e produtividade, mas o fato é que esses programas falham porque **não são introduzidos como solução**, mas sim como um problema. Simples assim!

Como Fazer Melhor?

Eu acredito, pelo vários anos de experiência em ambiente industrial, que a melhor estratégia é não fazer alarde com Programas de Qualidade, mas sim, deixar que os

QUALIDADE

resultados façam barulho por si só. A comunicação deve ser feita de forma sóbria, e apenas na medida da necessidade, para amparar as ações que estão ocorrendo, ou que irão ocorrer. A implementação deve ser gradativa, começando, por óbvio, nas áreas onde há demanda, e com as pessoas que precisam dessa nova ferramenta. O Programa deve ser visto como uma solução, como um arsenal de novas ferramentas para resolver problemas do dia a dia. O **Programa deve ser solução para alguém e para algum problema, e não um problema para alguém.**

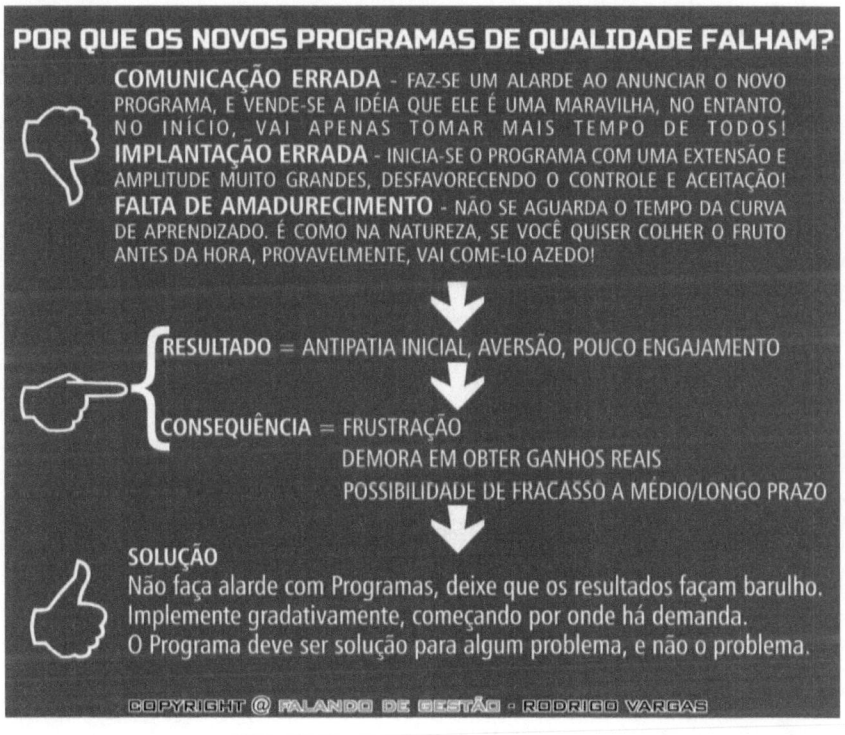

QUALIDADE

Amadurecimento é Fundamental

Um estudo de Hendricks e Singhal (2001) mostrou que o desempenho de ações das empresas que receberam prêmios de qualidade é maior (38% a 46%) do que o desempenho do grupo de controle (empresas que não receberam esses prêmios). Mas o que é realmente interessante, é que essas melhorias de desempenho não apareceram nos cinco primeiros anos do período de implementação, mas, somente, cinco anos depois. Isso mostra a importância do amadurecimento, e do aculturamento.

Sem dúvida, os Programas de Qualidade são importantes e podem conduzir à melhoria, porém, eles precisam ser implementados de forma a atrair o interesse dos envolvidos, encorajando-os a utilizar as novas ferramentas, e não o contrário. Portanto, tenha em mente que, quanto

QUALIDADE

melhor for a abordagem de implementação do novo Programa de Qualidade, antes virão os resultados.

QUALIDADE

PARA TERMINAR

Desejo que os insights apresentados neste livro proporcionem a você evolução profissional, através de boas reflexões e da criação de novas perspectivas; e que isso lhe possibilite desenvolver novas competências, além de aperfeiçoar as que você já possui, tornando-o um profissional ainda melhor.

Como dizia Peter Drucker, um dos mais conceituados e famosos gurus da Administração: "Conhecimento, hoje, tem poder. Ele controla o acesso a oportunidades e ao progresso. O conhecimento precisa ser aprimorado, desafiado e aumentado constantemente, ou desaparece" (em tradução livre do original: *Today knowledge has power. It controls access to opportunity and advancement. Knowledge has to be improved, challenged, and increased constantly, or it vanishes*).

Boa Sorte na sua trajetória e muito Sucesso!

Rodrigo Vargas

AGRADECIMENTO

Obrigado pela leitura do livro! Espero que este meu trabalho tenha lhe agregado valor e, de algum modo, despertado novas ideias, criado conhecimento ou encorajado reflexões. Gostaria muito de poder conhecer a sua opinião sobre o livro e, para isso, seria fantástico (e eu ficaria muito grato!) se você pudesse dedicar algum tempo para escrever uma avaliação na página do livro, na loja onde foi comprado, contando o que gostou e o que pode ser melhorado. Isso poderá me proporcionar desenvolvimento e evolução, além do que, ajuda autores independentes, como eu, a divulgar o trabalho e informar outros leitores.

Muito obrigado!

Rodrigo Vargas

OUTRAS PUBLICAÇÕES DE RODRIGO VARGAS

Após a visita de milhares de profissionais e estudantes ao portal GestaoIndustrial.com, e várias solicitações para disponibilizar o conteúdo em formato de livro, foi aceito mais este desafio. O objetivo foi o de disponibilizar conteúdo e informação, devidamente adaptados ao formato de livro, de modo que você pudesse carregá-lo sempre consigo, inclusive off-line. Portanto, este livro contém, basicamente, os temas que, ao longo de vários anos, foram editados para o portal da web, no entanto, é bom que se frise, o conteúdo não é exatamente o mesmo.

O livro "Gestão Industrial de A a Z" proporciona uma visão geral da gestão na indústria, abordando os seus temas mais importantes: Análise de Alternativas Econômicas, Best Sellers – Processos e Pessoas, China, Comércio Exterior, Compras, Contabilidade Financeira, Contabilidade Gerencial, Custos Industriais, Desenvolvimento de Competências, Desenvolvimento do Produto, Eficiência dos Processos, Estrutura Organizacional, Ferramentas da Qualidade, Gestão de Estoques, Gestão de Pessoas, Gestão do Tempo,

OUTRAS PUBLICAÇÕES DE RODRIGO VARGAS

Indicadores Econômicos da Atividade Industrial, Lean Manufacturing, Liderança Eficaz, Logística, Manutenção Industrial, Marketing, Modelo de Gestão, MRP – Manufacturing Resources Planning, O Uso Do E-mail Nas Organizações, O Desperdício de Tempo no Trabalho, Pensamentos Motivacionais, Planejamento Avançado da Qualidade do Produto (APQP), Planejamento da Demanda, Planejamento Estratégico, Política de Estoques, Pós-Vendas, Princípios de Gestão, Qualidade Total, Reuniões Eficazes, Sistema de Gestão da Qualidade, Six Sigma, Sustentabilidade, TPM – Manutenção Produtiva Total, Transportes, Tributação, Vendas.

OUTRAS PUBLICAÇÕES DE RODRIGO VARGAS

O livro "52 Bons Hábitos de Gestão, Liderança e Relações Humanas" descreve os bons hábitos que podem ajudar você, em seu ambiente de trabalho, a se destacar dos demais, demonstrando confiança e credibilidade aos superiores, pares e subordinados; aumentando sua produtividade e de sua equipe; melhorando seu relacionamento, sua liderança, sua eficiência e otimizando seu tempo. O livro é resultado do aprendizado e da análise crítica do autor decorrente de vários anos de experiência em gestão na indústria.

Com uma linguagem simples e objetiva, o livro é uma opção de leitura fácil e envolvente distribuída ao longo de 52 capítulos: 1. Estabeleça metas e trabalhe para atingi-las! 2. Saiba ter equilíbrio emocional! 3. Esteja preparado para as mudanças! 4. Saiba como marcar reuniões eficazmente! 5. Solucione problemas! 6. Aprenda a dar ordens! 7. Exponha uma opinião contrária de modo inteligente! 8. Coloque as pessoas de sua equipe onde elas rendem mais! 9. Relacione tarefas a nomes! 10. Lidere reuniões! 11. Faça, pelo menos, um elogio por dia! 12. Demonstre sempre uma postura séria! 13. Saiba conviver com as críticas! 14. Saiba gerenciar eficazmente seu tempo! 15. Dê bons exemplos! 16. Prefira não criticar seu colega! 17. Não se envolva com fofocas! 18. Comemore as suas vitórias! 19. Evite discussões! 20. Seja justo! 21.

OUTRAS PUBLICAÇÕES DE RODRIGO VARGAS

Tenha um aperto de mão firme! 22. Assuma seus erros! 23. Peça *feedback* sincero! 24. Em reuniões, fale somente o necessário! 25. Não exagere no trabalho! 26. Faça um esporte! 27. Faça um trabalho voluntário! 28. Só prometa aquilo que você está certo de que poderá cumprir! 29. Avalie eficazmente sua equipe! 30. Tenha um plano de carreira! 31. Livre-se das perguntas embaraçosas! 32. Formalize o que é importante! 33. Fale em público! 34. Contorne os erros. Tenha foco na busca de soluções! 35. Saiba como chamar a atenção dos outros, quando errarem! 36. Entenda plenamente toda a pergunta que lhe for feita e pense antes de respondê-la! 37. Crie uma perspectiva positiva do futuro! 38. Alimente sua cultura geral! 39. Fale outras línguas! 40. Busque constantemente o autodesenvolvimento! 41. Motive sua equipe! 42. Apoie sua equipe! 43. Cumprimente com voz firme! 44. Respeite as normas internas da empresa! 45. Vista-se com elegância! 46. Sorria! 47. Compartilhe informações com sua equipe! 48. Tome decisões! 49. Aprenda com os erros. Aproveite toda energia contida neles! 50. Encare desafios! 51. Delegue autoridade! 52. Siga seus princípios!

OUTRAS PUBLICAÇÕES DE RODRIGO VARGAS

O livro "Matemática Financeira Descomplicada", que é um manual prático, traz para você os fundamentos e principais conceitos da matemática financeira, com explicações objetivas e simplificadas. Afinal de contas, seja para analisar a melhor alternativa de investimento, ou para definir a melhor opção de compra, são muitas e variadas as oportunidades para a utilização dos conceitos da matemática financeira no dia a dia.

É indicado para estudantes e profissionais que necessitem conhecer e aprender os principais conceitos da matemática financeira. Também é indicado para quem quer obter conhecimento para uso geral, do dia a dia, a fim de conseguir entender melhores alternativas de aplicação financeira, ou de compras de produtos, por exemplo, para comparar e avaliar alternativas à prazo e à vista, entre outras.

Algumas das características desta edição:

1. Para cada novo conceito, o livro traz exemplos de aplicação ou simulações;
2. Os exercícios resolvidos apresentam tanto as resoluções matemáticas, quanto as resoluções com a HP 12C (demonstração "passo a passo" e "tecla a tecla"), além de mostrar o uso das tabelas financeiras;

OUTRAS PUBLICAÇÕES DE RODRIGO VARGAS

3. O livro conta com uma seção ilustrada, para iniciantes na HP 12C;
4. Tabelas-resumo, com fórmulas e principais conceitos;
5. Tabelas financeiras para facilitar os cálculos e permitir resolver questões com o uso de calculadoras comuns.

OUTRAS PUBLICAÇÕES DE RODRIGO VARGAS

Este é o segundo livro da série "Falando de Gestão", que apresenta vários insights de gestão, e nesta edição, reúne os artigos escritos em 2019 para o Blog que faz parte do portal GestaoIndustrial.com, os quais estão todos organizados por categorias para otimizar a leitura.

Os livros da série "Falando de Gestão" são indicados a todos que gostam do tema e querem se desenvolver através de insights que envolvem vários aspectos relativos à gestão.

Neste livro você encontrará os seguintes temas, explorados através de vários artigos do autor:

- Administração Geral
- Cultura Organizacional
- Desenvolvimento Profissional
- Liderança
- Marketing
- Planejamento Estratégico,
- Produtividade
- Qualidade.

OUTRAS PUBLICAÇÕES DE RODRIGO VARGAS

A "Cultura de Melhoria" é a mais robusta maneira de levar uma Organização aos níveis de excelência, alcançando melhores resultados, e criando um ambiente de trabalho positivo e fértil. O livro faz uma análise objetiva das mudanças das últimas décadas e das necessidades atuais do mundo corporativo, discorrendo sobre os aspectos que levam a empresa a criar e manter uma Cultura de Melhoria, os benefícios associados a ela, bem como o trabalho que se deve fazer para implantá-la. É um livro prático, abordando o passo a passo para fazer uma transformação positiva na Cultura Organizacional, através dos 7 degraus da criação da Cultura de Melhoria:

1. Decisão
2. Seleção das Lideranças
3. Treinamento das Lideranças
4. Treinamento dos Colaboradores
5. Fermentação Cultural
6. Repetições Cíclicas
7. Cultura de Melhoria

O livro é indicado para gestores interessados em melhorar a Cultura na sua Organização, buscando maior competitividade, melhor ambiente de trabalho, e melhores resultados. É indicado, também, para os profissionais que

OUTRAS PUBLICAÇÕES DE RODRIGO VARGAS

buscam ampliar seus horizontes, entendendo importantes aspectos da Cultura de uma Organização.

OUTRAS PUBLICAÇÕES DE RODRIGO VARGAS

No "Guia Prático de Finanças do Dia a Dia" você vai conhecer várias maneiras para usar o seu dinheiro com critério e discernimento, com o objetivo de conquistar uma vida financeira mais saudável!

Veja alguns dos tópicos abordados neste livro:

- Como calcular o valor da multa e juros de um boleto?
- Como calcular o valor futuro de aplicações financeiras?
- Como avaliar a melhor alternativa de investimento?
- Como calcular um aumento acumulado?
- Inflação x Ganho real?
- Pagar à vista ou a prazo? O que é melhor? E quando?
- Quais são os tipos de crédito pessoal e suas taxas?
- Como calcular os juros do cheque especial e do cartão?
- Como planejar financeiramente uma compra ou poupança?

E mais, conheça os 8 Mandamentos das Finanças do Dia a Dia, baixe gratuitamente a calculadora financeira em planilha eletrônica (ensinaremos, no livro, o passo a passo para você poder usá-la) e a planilha de controle de finanças domésticas!

OUTRAS PUBLICAÇÕES DE RODRIGO VARGAS

Reformule sua maneira de comprar e investir, reveja sua forma de usar o dinheiro, adquira o controle de suas finanças! Compre agora o "Guia Prático de Finanças do Dia a Dia", e comece já a mudar o seu presente e a construir um futuro melhor!

OUTRAS PUBLICAÇÕES DE RODRIGO VARGAS

Baseado em uma permanência de um mês na China, a trabalho em 2010, eu decidi colocar no papel alguns aspectos interessantes e vários aprendizados dessa interessante e enriquecedora experiência.

Um dos maiores objetivos foi o de dar uma macro perspectiva da forte economia Chinesa, e mostrar alguns indicadores chave relacionados a isso. Para uma melhor compreensão dos números, foi feita uma comparação com as economias dos Estados Unidos e do Brasil. Foram atualizados os indicadores em 2015 com a melhor e mais confiável informação que pôde ser encontrada, cujos dados, basicamente, foram coletados da Agência Central de Inteligência Norte Americana (CIA) e do Banco Mundial (WB).

Esse livro, escrito em inglês, pode-se dizer que é como um álbum de viagem, com informações técnicas e interessantes sobre a economia e o povo chinês.

OUTRAS PUBLICAÇÕES DE RODRIGO VARGAS

O processo cognitivo do desenvolvimento de competências depende necessariamente da memória, ele está baseado no que eu chamo de círculo virtuoso do estudante de sucesso: estudar, compreender, e memorizar! Portanto, sem memorização não há conhecimento. Veja que as pesquisas de Ebbinghauss mostraram que em condições normais, após 2 dias, a lembrança do que havia sido previamente memorizado tende a ser menos de 30%, por isso as técnicas adequadas e a correta metodologia do estudo pode proporcionar um rendimento e uma eficiência muito maiores.

No livro "Técnicas de Memorização para Estudantes" você vai conhecer os Mandamentos da Boa Memória (hábitos para criar uma boa memória), as Dicas de Memorização (*insights* para turbinar a memorização), e os Métodos de Memorização (sistemas estruturados para memorizar desde pequenos até grandes conteúdos) aplicados ao estudo do conteúdo do ensino médio (o que facilita o entendimento para a grande maioria das pessoas) e, com extrema facilidade, você conseguirá criar seus próprios "pregos" mnemônicos para outras matérias e necessidades.

As técnicas apresentadas se aplicam às mais variadas necessidades de memorização, seja ou não estudante,

OUTRAS PUBLICAÇÕES DE RODRIGO VARGAS

inclusive com excelente aplicação no âmbito profissional, no dia a dia do trabalho.

OUTRAS PUBLICAÇÕES DE RODRIGO VARGAS

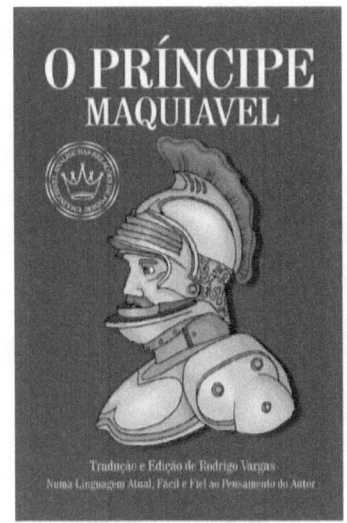

Esta é a tradução que fiz, a partir do original italiano, deste grande clássico da moderna filosofia política, e que é um dos livros mais lidos e traduzidos de todos os tempos. O livro "O Príncipe" é um tratado político em que Maquiavel ensina como conquistar e manter o poder, demonstrando, com abundantes exemplos, as melhores estratégias, analisando os erros e os acertos dos príncipes, e dando orientações sobre as melhores formas de governar.

É melhor ser amado ou temido? Por que não se deve deixar ser odiado pelas pessoas? O quanto a sorte influencia os acontecimentos, e como reduzir seus efeitos? Por que as pessoas apoiam os oportunistas? Por que, e como, deve-se evitar os bajuladores? Que cuidados devemos ter ao escolher os ministros de governo, e o que fazer para mantê-los fiéis? Tudo isso, e muito mais, Maquiavel nos explica em detalhes, ao longo dos 26 capítulos de seu livro.

Esta edição apresenta o texto completo, numa linguagem atual, fácil de entender, e fiel ao estilo e ao pensamento do autor. Inclui, ainda, uma seção com informações sobre os personagens que são citados no livro por Maquiavel. Tudo isso para você ter um excelente entendimento do texto original de um dos maiores clássicos da literatura.

www.ingramcontent.com/pod-product-compliance
Lightning Source LLC
Chambersburg PA
CBHW031610210526
45464CB00004B/1518